CÓMO INVERTIR EN BOLSA

Aprende todo lo que necesitas saber sobre los mercados bursátiles para ganar dinero a través de estrategias fáciles y rentables a largo plazo

Mariano García Jiménez

Exención de responsabilidad

Las opiniones e ideas del autor contenidas en esta publicación están diseñadas para educar al lector de manera informativa y útil. Si bien aceptamos que las instrucciones no se adaptarán a todos los lectores, es de esperar que los métodos no funcionen con todos. Usa el libro de manera responsable y bajo tu propio riesgo. Este trabajo con todos sus contenidos, no garantiza la exactitud, afinidad o calidad de la información provista. La información errónea o los errores de imprenta no se pueden eliminar por completo. ¡El error humano es real!

Tabla de Contenidos

Introducción

Invertir puede definirse como el acto de gastar dinero o capital en emprendimientos con la expectativa de recibir ingresos o *profit (ganancias)* adicionales. Esencialmente, es una forma completamente diferente de pensar en la forma en que se gana dinero. Al crecer, muchos de nosotros aprendimos que solo podemos obtener ingresos trabajando y esto es exactamente lo que muchas personas están haciendo en este momento. Sin embargo, hay un gran problema y es que, si deseas más dinero, probablemente tendrás que trabajar durante más horas. Esto probablemente no te genere tanto dinero y además te agotará mental y físicamente. Además, no puedes crear otra versión tuya para aumentar el tiempo que pasas trabajando. Invertir tu dinero no va a maximizar el potencial de tus ganancias, ya sea que elijas o no trabajar horas extras, obtener un bono o buscar otro trabajo.

Hay varias formas en que puedes elegir hacer cualquier tipo de inversión. Esto implica poner dinero en *stocks* (acciones), fondos mutuos, bienes raíces e incluso invertir en otras empresas. Los expertos llaman a estas opciones "vehículos de inversión", cada uno con sus propios beneficios e inconvenientes. Sin embargo, es esencial que elijas un vehículo de inversión después de haber pasado suficiente tiempo observando las diferentes opciones y entendiéndolas. También debes evitar seguir las estrategias de inversión de otros porque el éxito en el mundo de las inversiones difiere de una persona a otra. Por ejemplo, alguien podría sentirse más cómodo invirtiendo en tres vehículos de inversión porque ha estado en ese campo durante años, mientras que esto no se recomienda para alguien que recién está comenzando porque es muy probable que termine confundido. Siempre es mejor tener éxito en uno y luego saltar al siguiente.

Una cosa importante que debes comprender es que una inversión es completamente diferente que una apuesta. Apostar implica poner dinero en riesgo mejorando resultados desconocidos con la esperanza de ganar dinero. En las apuestas, las probabilidades siempre están en tu contra, en cambio, en la inversión puedes cambiar las probabilidades a tu favor. Sin embargo, parte de la confusión entre invertir y apostar proviene de la forma en que las personas usan los vehículos de inversión. Por ejemplo, comprar un *stock* porque alguien te lo dijo es como hacer una apuesta en un casino. En cambio, los inversores reales no arrojan su dinero a ninguna inversión que exista así de simple; realizan análisis y gastan capital y dinero solo donde se esperan ganancias razonables. Aunque existe un riesgo, no hay garantías de ningún tipo e invertir es más que solo esperar que tengas suerte.

Este libro incluye una explicación detallada sobre la inversión, sus diversas terminologías asociadas, métodos de inversión, entre otra información importante que te ayudará a iniciarte en el mundo de la inversión.

Capítulo 1 – Lo básico de la inversión

Explorando las posibilidades de invertir

El mundo de la inversión es diverso y está lleno de diferentes posibilidades y oportunidades. Una de las mejores cosas acerca del mundo de las inversiones es que hay lugar para todos. Ya sea que seas un principiante o hayas estado invirtiendo durante años, tengas objetivos a largo o corto plazo, o simplemente quieras experimentar un poco, definitivamente encontrarás algo adecuado para ti. Sin embargo, es esencial comprender que este no es un método rápido para volverse rico donde vas a ganar millones de la noche a la mañana. Primero deberás informarte sobre los diferentes aspectos, establecer tus objetivos y elegir en qué quieres invertir. Para tener éxito en el mundo de las inversiones se requiere mucho trabajo, dedicación y una comprensión adecuada de los diferentes aspectos. Este capítulo incluirá una explicación detallada de los diferentes tipos de vehículos de inversión, sus beneficios y desventajas, y los pasos necesarios para invertir con éxito en ellos.

Bonos y Stocks

Los bonos y *stocks* son dos componentes básicos de inversión importantes. Los *stocks* son propiedad directa de las empresas, mientras que los bonos son préstamos. Se han creado varios productos relacionados con acciones y bonos durante los últimos años, tales como fondos mutuos e intercambios predeterminados. Estas opciones de inversión son excelentes, pero también está la responsabilidad reconocer cuáles de estas te ayudan a cumplir tus metas financieras. Comprar *stocks* significa que vas a tomar posesión de una entidad específica. Una de las principales ventajas de la propiedad directa es que el proceso es bastante fácil y no hay tarifas de gestión asociadas u otras personas involucradas. El precio de comprar *stocks* individuales es asequible; muchas veces, puede costar $10 o incluso menos. Sin embargo, uno de los inconvenientes es que debes mantenerte actualizado sobre cómo van las inversiones todo el tiempo. Es por eso que debes tener al menos una comprensión adecuada de los principios de contabilidad y mantenerte actualizado con los informes de la empresa. Comprar bonos significa que vas a prestar dinero a entidades, como empresas, personas o gobiernos. Comprar un bono es exactamente como comprar un automóvil: debes negociar para poder obtener el mejor precio. Ser propietario de un bono necesita que conozcas los reclamos que tiene sobre los *assets (activos)* de la entidad en caso de quiebra.

Los cambios en el mercado también pueden tener un gran impacto en los mercados bursátiles.

El Dow Jones es considerado uno de los mayores mercados financieros. Todos los días, los *traders* (*comerciantes*) realizan transacciones de intercambio por un valor de $5 billones. Debido a que Dow Jones es un mercado internacional, los eventos que tienen lugar en todo el mundo pueden tener un impacto instantáneo en los valores de las monedas y las tasas de cambio. Este informe explicará el impacto de los eventos mundiales en el mercado de Dow Jones (Jones y Khanna, 2006). Durante el año 2015, hubo varios eventos que afectaron a Dow Jones, como la crisis griega, la disminución de los precios del petróleo y el cambio que tuvo lugar en las políticas de tasas de interés de la Reserva Federal.

La crisis griega y su impacto en el Dow Jones

Cuando tuvo lugar la crisis griega, Dow Jones disminuyó a las tasas más bajas y se consideró el peor día para el mismo en 2015. La disminución significativa fue el resultado de que Grecia cerró su sistema bancario, el banco central ejecutó controles para evitar que el dinero saliese del país, y todas las diferentes protestas tuvieron lugar como resultado de que los ciudadanos no estaban contentos con todos los cambios que se estaban produciendo (Consolandi, 2009).

Los *traders* declararon que el proceso de venta era principalmente de base amplia. Los volúmenes de negociación fueron algo altos, con 7.300 millones en *shares (acciones)* que cambiaron constantemente de manos en comparación con el promedio anual de datos de aproximadamente 6.000 millones en *shares*. Los industriales de Dow disminuyeron en 350.33 puntos, a 17596.35. Por otro lado, el S&P 500 disminuyó 43.85 puntos a 2057.64. Finalmente, el índice Nasdaq disminuyó 122.04 a 4958.47.

Disminución de los precios del petróleo.

En agosto, los precios del petróleo disminuyeron por debajo de los $ 40 por barril y esta es la primera vez que esto sucede desde 2009 entre un acuerdo de que el crudo barato se mantendrá. Los inversores petroleros, que descubrieron temprano que los precios se recuperarán durante la segunda mitad de este año, ahora afirman que es probable que los rebotes ocurran antes de 2017. Los pronosticadores del gobierno redujeron sus estimaciones de los precios del petróleo a $ 60 por barril durante 2016.

El cambio de opiniones se debe principalmente a los productores de petróleo en los Estados Unidos, que continuamente bombean crudo a niveles récord. Una inesperada subida de precios que tuvo lugar en algunas empresas permitió a las empresas bloquear precios rentables para 2016. El crudo Brent, el índice de referencia internacional disminuyó en un 2.5% a alrededor de $ 45.46 por barril.

Políticas de tasas de interés de la Reserva Federal

A finales de 2015, la Reserva Federal decidió aumentar las tasas de interés, y esto tuvo un impacto significativo en el mercado de valores, especialmente Dow Jones. Esta es la primera vez que esto sucede en nueve años y nadie esperaba que este aumento ocurriera. Esto tuvo un impacto positivo en los *stocks*, donde el Down Jones aumentó en 185 puntos, el Nasdaq aumentó en un 1.1% y el S&P 500 aumentó en un 1.3%. Fue una decisión unánime aumentar las tasas y la Fed afirmó oficialmente que a pesar de que las tasas aumentan, la política seguirá siendo acomodaticia. La política de la Reserva Federal ha ayudado a aumentar el *stock* en los Estados Unidos desde que tuvo lugar la crisis. El dólar disminuyó frente al euro. Además, los bonos del gobierno del yen se fortalecieron, llevando los rendimientos a una tasa aún más baja. Los *stocks* que pagan dividendos de alto valor, que se ha reunido continuamente en años anteriores entre bajas tasas de interés, dieron como resultado que los S $ P 500 se volvieran más altos después de la decisión de los federales. Los precios del crudo aumentaron a 4.9 por barril, rebotando bruscamente durante dos días, luego de un aumento en los suministros de crudo en los Estados Unidos. Esta oleada tuvo lugar repentinamente y no se esperaba en absoluto. Por otro lado, los mercados bursátiles de otras regiones, como Europa y Asia, no estaban abiertos al comercio cuando la Reserva Federal publicó su nueva decisión. Este es uno de los pocos eventos que tuvo un impacto positivo en Dow Jones y los procesos comerciales asociados durante 2015.

Durante el año 2015, hubo varios eventos que afectaron a Dow Jones, como la crisis griega, la disminución de los precios del petróleo y el cambio que tuvo lugar en las políticas de tasas de interés de la Reserva Federal. Este informe incluyó una explicación de los diferentes eventos que impactaron al Dow Jones. Estas situaciones incluyeron guerras, desastres naturales y eventos políticos. Cada uno de estos eventos tiene un impacto tanto negativo como positivo y puede ser difícil determinar qué ocurrirá exactamente y si los *traders* van a ganar o perder dinero. A pesar de que los *traders* pueden predecir ciertos eventos antes de que ocurran, es difícil hacer esto en cada situación, especialmente en el caso de desastres naturales en los que nadie sabe realmente cuándo van a ocurrir. Además, es difícil predecir cómo un evento va a impactar al Dow Jones. Como se demostró en esta investigación, hay algunos casos en que las guerras, por ejemplo, impactaron positivamente al S&P y algunos casos en que lo afectaron negativamente.

FONDOS DE INVERSIÓN

Los fondos mutuos son un método para que los inversores coloquen su dinero en un solo lugar, para que puedan aumentar el poder adquisitivo y disminuir los costos de ejecución. Uno de los inconvenientes para los fondos de inversión son las diferentes tarifas asociadas. Todos los tipos de fondos de inversión cobran una tarifa, y muchos incluso cobran tarifas de venta además de las tarifas de administración. Si eliges invertir en fondos de inversión, asegúrate de comprender completamente los honorarios que tienes que pagar y los mandatos de los fondos de inversión. Es esencial tener en cuenta que solo podrás negociar fondos de inversión una vez al día y es cuando cierran los mercados.

FONDO COMERCIAL DE INTERCAMBIO

El Fondo Comercial de Intercambio (FCI) es una innovación financiera que es más nueva que los otros vehículos de inversión. El FCI coloca los fondos mutuos en un vehículo de inversión que comercializa los *stocks* y funciona debido a la ley de precio único. La ley del precio único explica que cuando dos inversiones siguen exactamente lo mismo, el *profit (beneficio)* y el rendimiento de mantener estas inversiones también será el mismo. Por ejemplo, cuando las inversiones están sobrevaluadas, venderás estas inversiones sobrevaluadas y luego utilizarás los rendimientos para comprar más de las inversiones con precios precisos. Sin embargo, si decide comprar un ETF, asegúrese de prestar atención a cuáles son las inversiones que se rastrean y la cantidad de *shares* de ETF que se compran y venden a diario.

Es esencial verificar quién es responsable de patrocinar las funciones de ETF y asegurarse de que se realice correctamente. Todos estos diferentes vehículos de inversión son excelentes herramientas de inversión y cada uno de ellos tiene un lugar en un plan bien diversificado.

BIENES RAÍCES

Invertir en bienes raíces se ha vuelto más popular durante los últimos cincuenta años y se considera uno de los vehículos de inversión más importantes. A pesar de que el mercado inmobiliario tiene numerosas oportunidades para ganar dinero, comprar y poseer bienes inmuebles, esto es más complicado que simplemente invertir en *stocks* o bonos.

Propiedades de renta básica

Esta es una de las prácticas de inversión inmobiliaria más antiguas. Involucra a alguien que compra una propiedad y luego la alquila a los inquilinos. Los propietarios son responsables de pagar las hipotecas y los costos asociados con el mantenimiento de la propiedad. Los propietarios pueden cobrar extra para cubrir los costos antes mencionados y producir una ganancia para ellos mismos. Además, la propiedad se puede apreciar en términos de valor.

Una diferencia principal entre las propiedades de alquiler y otros tipos de inversión es el tiempo y el trabajo dedicado a mantener la inversión. Cuando compras un *stock*, permanecerá en tu contabilidad de inversión y aumentará su valor.

Grupos de inversión inmobiliaria

Los grupos de inversión inmobiliaria son similares a los fondos mutuos para propiedades de alquiler y son la opción perfecta para ti si no estás buscando la molestia de asumir la responsabilidad como propietario. Un ejemplo de esto sería comprar bloques de apartamentos y luego permitir a los inversores comprarlos a través de la empresa, por eso, es bueno unirse a grupos de inversión. Los inversores individuales pueden poseer varios o un complejo de apartamentos. A cambio de este tipo de gestión, la empresa podrá tomar parte del alquiler mensual. Aunque esta es definitivamente una forma segura de ingresar al sector de inversión inmobiliaria, muchos grupos son susceptibles a las tarifas exactas que afectan al sector de fondos mutuos.

TRADING DE BIENES RAÍCES

Esto se considera el lado salvaje de los bienes raíces. Los *traders* de bienes raíces compran propiedades con el propósito de mantenerlas durante un período de tiempo específico, a menudo no más de cuatro meses, con la esperanza de venderlas a cambio de un *profit*. Esta técnica también se conoce como propiedades de inversión y depende de la compra de propiedades que están infravaloradas o en mercados calientes. Los filtros de propiedad pura no solo van a poner dinero en bienes raíces para mejoras donde la inversión necesita tener valores intrínsecos, por lo que puedes obtener ganancias sin ninguna modificación o ni siquiera lo tendrán en cuenta. Voltear de esta manera se considera una inversión a corto plazo. Si los rellenos de propiedades quedan atrapados en situaciones en las que no pueden descargar propiedades, esto puede ser abrumador, ya que estos inversores no mantienen suficiente efectivo, por lo que pueden pagar hipotecas sobre propiedades a largo plazo. Esto puede resultar en pérdidas continuas para los comerciantes de bienes raíces que no pueden descargar bienes inmuebles en mercados de bajo rendimiento.

Los REIT

Un hecho interesante es que los bienes raíces han estado en el mundo desde nuestros antepasados, por lo que no es sorprendente que Wall Street haya tenido éxito en encontrar una manera de transformar los bienes raíces en un instrumento que se negocie públicamente. <u>Real Estate Investment Trust</u> (REIT) se crea cuando una organización (o el fideicomiso) utiliza el dinero de los inversores para operar y comprar propiedades de ingresos. Los REIT se compran y venden en los principales tipos de intercambios, como otros tipos de *stocks*. Las empresas tienen que pagar el 90% de sus ganancias imponibles en el tipo de dividendos, para mantener su posición como REIT.

HACER FUNCIONAR PEQUEÑOS NEGOCIOS E INVERTIR EN ELLOS

Invertir en otros *startups* (Proyectos en fase inicial)

Invertir en *startups* puede ser una inversión exitosa y más rentable de lo que esperas. Los fondos de capital de riesgo que se cotizan en bolsa generalmente invierten en diferentes *startup*s, lo que resulta en la creación de una cartera diversa de empresas que tienen el potencial de tener éxito. Con solo una inversión, podrás acceder a una cartera diversa de empresas que han superado con éxito las pruebas de capital de riesgo. Por lo general, hay muchas posibilidades de realizar inversiones directas en empresas nuevas en las que tienes algún conocimiento o experiencia, donde puedes intercambiar participaciones de capital por la financiación que proporcionas.

Ambos tipos de inversión tienen un nivel de riesgos descomunales, así como también recompensas descomunales si el negocio demuestra ser exitoso. Por lo tanto, es esencial investigar e invertir en estas oportunidades. Invertir el dinero a través del capital de riesgo es la alternativa más popular. No necesariamente tienes que dejar tu trabajo o establecer una oficina; solo tendrás que comprar acciones.

Hacerse socio

En lugar de invertir solo en negocios para obtener acciones, deberías considerar llevarlo a otro nivel y convertirte en socio de un negocio que ya existe. Esto incluirá hacer un trabajo diario en organización, enfocándote en cosas que los fundadores habitualmente no tienen tiempo para enfocarse, como el mercado o la contabilidad, o posiblemente puede ser un papel más importante. No solo te proporcionará la experiencia empresarial, sino que te permitirá seleccionar los tipos de tareas y el trabajo que te gustaría hacer.

EMPRENDIMIENTO

Otra opción es convertirse en empresario en grandes empresas. Muchas organizaciones han establecido estructuras que persuaden a los empleados para liderar nuevas líneas organizativas a cambio de equidad y bonificaciones. Cuando encuentres una organización que tenga una cultura de innovación poderosa, podrás construir tu propia organización dentro de ella, con el beneficio de tener capital inicial desde el principio, y también el riesgo personal disminuirá.

Incluso podrías comenzar un programa de emprendimiento en tu trabajo solicitando una cantidad de tu tiempo para trabajar en proyectos que tienen estructuras de bonificación. Para impulsar tu argumento, siempre puedes impulsar a empresas como 3M e Intel, dos empresas que experimentaron un crecimiento significativo a lo largo de un período en que el espíritu empresarial definió la cultura corporativa.

COMPRAR UNA FRANQUICIA

Los negocios en cajas son una forma de evitar las molestias que conlleva comenzar desde cero. Los propietarios de franquicias ya siguen guiones que ya han demostrado ser exitosos. Las ventajas de las franquicias incluyen tratar con una marca conocida, tener recursos a los que volver y economías de escala creadas por las franquicias.

La principal desventaja es el costo de comprar una franquicia y sus regalías asociadas, que son realmente elevadas la mayor parte del tiempo. Las personas que buscan la verdadera experiencia emprendedora tendrán problemas con varias limitaciones añadidas por las oficinas de franquicias. Sin embargo, las franquicias generalmente tienen una poderosa red de soporte y son conocidas por tener altas tasas de éxito.

Capítulo 2 – Clasificación de Stocks

Invertir en el mercado de stocks implica mucho más que simplemente comprar shares, o stocks, en una empresa y hacer *calling* (una venta) cualquier día. Hay varias clases diferentes de stocks, todas las cuales se pueden clasificar en dos tipos: stocks comunes y stocks preferidas. En este capítulo, voy a discutir las diferentes clases de stocks que se incluyen en estas dos categorías, y lo que significa comprar los diferentes tipos de stocks.

Stocks Comunes

Como su nombre indica, los *stocks* comunes son, simplemente, comunes. Este es el tipo de *stocks* de las que habla la mayoría de las personas cuando se habla de *stocks* en general, y la mayoría de *stocks* en el mercado de valores se emiten en forma de *stocks* comunes. En esencia, los *shares* comunes representan la propiedad de una empresa y un reclamo, o dividendos, en una parte de sus ganancias.

A los inversores se les permite un voto por acción para elegir a los miembros de la junta, que luego supervisarán las principales decisiones que tome la gerencia. Al considerar el largo plazo, las acciones ordinarias producen rendimientos mucho más altos que casi todas las demás inversiones, por medio del crecimiento del capital. Sin embargo, este mayor rendimiento tiene un costo, ya que la mayoría de las acciones comunes tienen el mayor riesgo.

Si una empresa se declara en quiebra y se ve obligada a liquidar, aquellos que poseen acciones comunes no recibirán efectivo hasta que se pague a los tenedores de bonos, acreedores y accionistas preferentes, de ahí el riesgo. Esto nos lleva al segundo tipo de acciones: acciones preferentes.

STOCKS PREFERENTES

Al igual que las *shares* ordinarias, las acciones preferentes son una representación de cierto grado de propiedad de una empresa. Sin embargo, a diferencia de las *shares* ordinarias, no tiene los mismos derechos para votar, aunque esto puede variar de una compañía a otra. Los inversores generalmente tienen garantizado un dividendo fijo para siempre con *shares* preferentes. Esto difiere de las *shares* preferentes en que las *shares* comunes no tienen dividendos garantizados.

Otra ventaja de los *shares* preferentes es que, en caso de liquidación, a los accionistas con *shares* preferentes se les paga antes que aquellos con *shares* comunes, aunque aún después de los tenedores de deuda. Las *shares* preferentes también pueden ser exigibles, lo que significa que la compañía puede comprar las *shares* de sus accionistas en el momento que elijan, por cualquier motivo, generalmente por una prima también.

Muchas personas consideran que las *shares* preferentes son más una deuda que una equidad. Es útil pensar que estas acciones están en el lugar entre acciones comunes y bonos.

OTROS TIPOS DE STOCKS

Industria

Las empresas generalmente se dividen por industria, que generalmente se denominan sectores. Las acciones que pertenecen al mismo sector, como los sectores de energía o tecnología, pueden cambiar juntas en respuesta a eventos económicos o de mercado. Por eso es tan importante diversificar su cartera invirtiendo en acciones en varios sectores.

Tamaño de compañía

- Si has realizado alguna investigación sobre el mercado de valores, es posible que hayas escuchado los términos de mediana o gran capitalización. Estos términos se refieren a la capitalización del mercado, o lo valiosa que es una empresa. Por lo general, las empresas se dividen en tres "cubos" por tamaño:

- Gran capitalización: **valor de mercado de $ 10 mil millones o más**

- Capitalización media: **valor de mercado entre $ 2 mil millones y $ 10 mil millones**

- Pequeña capitalización: **valor de mercado entre $ 300 millones y $ 2 mil millones**

Estilo

A veces, las existencias se describen como valor o crecimiento. Las empresas que crecen a un ritmo rápido o que se espera que crezcan rápidamente proporcionan *stocks* de crecimiento. Los inversores generalmente están dispuestos a pagar más por este tipo de *stocks*, ya que pueden esperar mayores rendimientos.

Por otro lado, los *stocks* de valor están básicamente a la venta. Estos son los *stocks* que los inversores han considerado infravalorados y subvalorados. Se supone que estos *stocks* se apreciarán en valor, ya que sufren un evento a corto plazo o no se detectan.

Locación

Los *stocks* también suelen agruparse por su ubicación geográfica. Puedes diversificar tu cartera de inversiones invirtiendo en compañías que hacen negocios a nivel internacional, así como en mercados emergentes, que son áreas de mercado que se espera que experimenten cierto crecimiento.

Ahora que hemos cubierto las categorías básicas de los *stocks*, es hora de ver los diversos factores e implicaciones que tienen estas clasificaciones.

TIPOS DE SHARES/STOCKS

Para comprender los diferentes tipos de *stocks*, es importante comprender qué es realmente un tipo de *stock*.

¿Qué es un tipo de share?

Es esencialmente un tipo de acción listado por una compañía que se diferencia por el nivel de los derechos de voto recibidos por los accionistas. Por ejemplo, una empresa podría tener dos clases de *shares*, o de *stocks*, que llamaremos Clase A y Clase B por simplicidad. Los propietarios de empresas que han llegado a ser propietarios de manera privada y optan por cotizar en bolsa suelen crear estructuras de *stocks* Clase A y Clase B con diferentes derechos de voto.

Esto se hace para que puedan mantener el control y garantizar que la empresa no sea tan fácil de tomar como objetivo. Una de las clases de *stocks* más comunes son las acciones de asesoramiento, que también se denominan acciones de asesor. Este tipo de *stocks* se entrega a los asesores comerciales a cambio de su experiencia y conocimiento.

Los asesores a los que se les ofrece este tipo de opción de compra de *stocks* son fundadores de empresas o ejecutivos de alto nivel. Por lo general, los *shares* de los asesores se invierten mensualmente durante un período de aproximadamente dos años, uno en un horario sin acantilados y un 100% de aceleración de activación.

Entendiendo estos tipos

El término "tipo de *share*" también puede referirse a las diversas clases de *shares* que existen para numerosos fondos mutuos. Hay tres clases de *shares*: Clase A, Clase B y Clase C. Estas clases tienen diferentes cargos de ventas, gastos operativos y tarifas 12b-1. Ya sea que se refiera a las múltiples clases de *shares* que ofrecen los fondos mutuos vendidos por asesores, o las diferentes clases de *shares* de una compañía, ambos casos se refieren a los diferentes costos y derechos que adquieren los que poseen cada clase de *shares*. Simple, ¿cierto?

Tipos de shares de fondos mutuos

Los fondos mutuos vendidos por asesores pueden tener diferentes tipos, cada clase con una estructura de tarifas y un cargo de venta único. Los *shares* de fondos mutuos de Clase A tienen tarifas 12b-1 más bajas, cobran una carga inicial y tienen gastos operativos que están por debajo del promedio. Las *shares* de fondos mutuos de Clase B tienen tarifas 12b-1 más altas, cobran una carga de fondo y tienen gastos operativos más altos.

Finalmente, las *shares* de fondos mutuos de Clase C no tienen una carga inicial, aunque las cargas finales todavía se aplican, se consideran carga nivelada y tienen gastos operativos más altos que el promedio.

El cargo por ventas diferidas contingentes (CDSC), o la carga de fondo, se puede eliminar o reducir, dependiendo de la duración durante la cual se hayan mantenido las *shares*. Las *shares* de Clase B generalmente tendrán un CDSC que desaparece en tan solo un año desde la fecha en que se compraron. Las *shares* de Clase C generalmente comenzarán con un CDSC alto, que solo desaparecerá por completo después de unos 5-10 años.

Capítulo 3 – Riesgo y retorno

Comprender el concepto de riesgo, rentabilidad, diversificación y creación de cartera es extremadamente importante en el mundo de las inversiones. Este capítulo incluye una explicación detallada de estos aspectos junto con pasos sobre cómo construir con éxito una cartera de diversificación.

Riesgos y retornos en el mundo de las inversiones

Hay riesgos que enfrentan los inversores en el mundo de las inversiones. Muchos de estos riesgos son graves y, si no se abordan adecuadamente, pueden tener impactos negativos a largo plazo en la capacidad de cumplir tus objetivos financieros, y otros simplemente se consideran impulsados por sentimientos y prejuicios humanos. Un tipo de riesgo incluye la organización en la que está invirtiendo quiebre, lo que significa que vas a perder dinero. Sin embargo, esto no necesariamente sucede mucho, esos resultados se pueden evitar mediante la diversificación y no siguiendo la promesa de altos rendimientos.

La diversificación es una forma efectiva de gestionar el riesgo. Por lo general, los asesores y gerentes de inversiones hablan sobre riesgos como los tipos de interés, mercado y riesgos cambiarios. Cada uno de ellos puede darse como resultado rendimientos y ganancias inferiores a lo esperado y, en muchas ocasiones, incluso negativos. Sin embargo, todos se consideran manejables y son partes esenciales de los riesgos más significativos.

Esto generalmente ocurre cuando los inversores son demasiado conservadores, inexpertos, codiciosos, o simplemente renuncian a una gran cantidad de sus ganancias por impuestos o tarifas. En muchos casos, habrá riesgos de eventos que tendrán un efecto negativo imprevisto en los valores de sus *assets*. Como ejemplo de esto sería la enfermedad del pie en Nueva Zelanda.

Sin embargo, la buena noticia es que existen principios que puede seguir para gestionar con éxito el riesgo, tales como:

- No hay devoluciones sin riesgos asociados. Los retornos son solo la mitad de la ecuación. Las ganancias que son más altas que las ganancias a largo plazo generalmente tienen más riesgos a corto plazo. Los inversores obtienen los *profits* y las recompensas que gestionan estos riesgos y no buscan evitarlos por completo. El riesgo se considera el otro lado de la posibilidad de la inversión. Lo esencial es que los riesgos que asumes sean apropiados para la inversión que estás haciendo y el marco temporal de tus objetivos financieros.
- Los riesgos deben entenderse adecuadamente y los retornos deben ser completamente transparentes. Cuando los riesgos asociados con las inversiones no se entienden adecuadamente, será difícil administrarlos. Si las fuentes de devoluciones no son transparentes, los riesgos asociados son mucho mayores a partir de lo desconocido. Para invertir

primero necesitas información, comprensión y uso del sentido común.

- Experiencia y enumeración de juicios. Los riesgos no pueden controlarse solo usando modelos matemáticos o proporciones. Muchos inversores utilizan una herramienta de recompensa de riesgo para realizar una comparación de los rendimientos esperados de una inversión con el monto de riesgo asumido para obtener estos rendimientos. Son simplemente una herramienta que crea la base del juicio correcto.
- Diversificación. Esto se explicará con más detalle en la siguiente parte. La diversificación incluye varias inversiones, en una clase de *asset*, y disminuye el riesgo sin cambiar los rendimientos esperados. La diversificación también disminuye el nivel de incertidumbre de que el resultado de los rendimientos suela ser diferente.
- Consistencia. Un enfoque riguroso y constante conducirá a gestionar el riesgo mejor que un proceso que cambia constantemente. También ofrece un marco mejorado para comprender el resultado. También es esencial comprender dónde se pueden encontrar ventajas competitivas y las decisiones que se pueden tomar en base a esta suposición.

CONCEPTO DE CONSTRUCCIÓN Y DIVERSIFICACIÓN DEL PORTAFOLIO

Hay algunas situaciones en las que verificar el valor de tus inversiones puede ser tentador. Sin embargo, esto es justo cuando los sentimientos tienen una forma extraña de detener las mentes de incluso los inversores más experimentados. Esta es la razón principal por la que debes verificar tu portafolio de forma regular, o al menos la combinación de inversiones una vez al día o en cualquier momento en que notes que tu situación financiera cambia significativamente. Por ejemplo, cuando pierdes tu trabajo o recibes un bono significativo. Establecer tu participación estratégica en los activos es uno de los ingredientes más importantes para tu éxito a largo plazo.

POR QUÉ DIVERSIFICAR

El objetivo principal de la diversificación no es solo mejorar el rendimiento, ya que no garantizará ganancias o pérdidas. Sin embargo, una vez que selecciones enfocarte en un nivel de riesgo según el horizonte temporal de tus objetivos y la aceptación de la volatilidad, la diversificación puede ofrecerte la oportunidad de mejorar los rendimientos para ese nivel de riesgo. Para crear con éxito un portafolio diversificado, debes buscar activos y vehículos de inversión, cuyos rendimientos no se movieron exactamente en la misma dirección. De esta manera, cuando una parte de tu portafolio no está funcionando bien, la parte restante crecerá. Por lo tanto, podrás compensar el efecto sobre el bajo rendimiento y evitar que afecte negativamente a tu portafolio. Otro aspecto esencial de la creación de una cartera bien diversificada es que puedes intentar mantenerte diversificado dentro de cada tipo de inversión. Con las tenencias de tus acciones individuales, asegúrate de evitar la sobre-concentración de acciones individuales. Por ejemplo, existe la posibilidad de que no desees que una acción valga más del 5% de tu portafolio total de acciones.

La diversificación ha probado ser exitosa

A lo largo del 2008 en el mercado *bear (bajista)*, varios tipos de inversión perdieron su valor hasta cierto punto. Aunque parecía que la diversificación había fallado, en realidad no lo hizo. Las clases de *assets* importantes en realidad estaban más correlacionadas, y la diversificación todavía ayudó a las pérdidas de cartera de compra y retención. Considere 3 carteras hipotéticas consideradas: un portafolio que incluye 70% de acciones, 25% de inversiones a corto plazo y finalmente 25% de bonos.

La diversificación ayudó a reducir pérdidas y a mantener ganancias a través de la crisis financiera
El valor hipotético del *asset* mantenía cuentas libres de impuestos por un valor de $ 100,000 en portafolios en efectivo. Esta es un portafolio diversificado que incluye 49% de *stocks* locales de EE. UU. Y 21% de *stocks* globales. A finales de febrero de 2009, el *stock* y el portafolio diversificado decayeron. Sin embargo, todos perdieron la mitad de su valor inicial. Por otro lado, el portafolio diversificado perdió más de un tercio. Aunque pudo haber disminuido, la diversificación ayuda a disminuir las pérdidas en comparación con los portafolios de todas las acciones.

Ver el *stock* y el portafolio diversificado disminuye si el tipo de situación puede estresar a los inversores o agitar sus emociones. Esto a veces puede dar lugar a tomar decisiones rápidas y a corto plazo, como el dumping de existencias. Sí, mantener el dinero en forma de efectivo podría haber sonado como una gran idea durante febrero de 2009. Sin embargo, mire lo que terminó sucediendo cuando el mercado comenzó a estabilizarse nuevamente.

5 años después de estar en fondo, nuestro portafolio de *stocks* habría aumentado un 162.3% y el portafolio de diversificación habría valido alrededor de un 99.7% más. Todos los portafolios de *stocks* experimentaron la mayor mejora durante la recuperación de los mercados. Este es un excelente ejemplo de la forma en que los portafolios pueden ganar menos que todos los portafolios de acciones y mucho más que los que son todos en efectivo. Ahora veamos qué terminó pasando en una secuencia más larga. De enero de 2008 a febrero de 2014, los portafolios diversificados aumentaron un 29,9%, mientras que los de *stocks* aumentaron un 31,8%. Esto es principalmente de lo que se trata la diversificación, donde no necesariamente aumenta el *profit* en los mercados en alza, sino que captura muchas de las ganancias mientras es menos volátil que invertir en varios *stocks*.

EL ALTO COSTO DE ELEGIR UN MAL MOMENTO

¿Por qué es esencial tener un nivel de riesgo con el que pueda lidiar? Como lo demuestra el ejemplo anterior, los portafolios diversificados terminan jugando con el tiempo. Sin embargo, el hecho es que muchos inversores enfrentan problemas para darse cuenta de las ventajas de sus tácticas de inversión, las personas generalmente persiguen el rendimiento y compran inversiones de mayor riesgo.

Cuando el mercado enfrenta problemas, los inversores suelen optar por opciones de inversión de menor riesgo. Estas opciones pueden dar como resultado oportunidades perdidas durante las recuperaciones del mercado consecuentes. El grado de bajo rendimiento de estos inversores ha demostrado ser el peor en los mercados *bear*. La investigación ha demostrado consistentemente que los rendimientos obtenidos por *stocks* y bonos promedio, generalmente los inversores de fondos se retrasan por grandes márgenes, los rendimientos informados y las ganancias de los *stocks* promedio.

La investigación realizada por DALBAR demuestra que los inversores de fondos siguen a los mercados de manera significativa. Esto significa que la mayoría de las decisiones que toman relacionadas con la diversificación generan rendimientos más bajos que los mercados en general. Tener un plan bien pensado que consista en mezclas de inversión adecuadas y un reequilibrio adecuado puede ayudar a los inversores a superar estos problemas con éxito.

COMO CONSTRUIR UN PORTAFOLIO DIVERSIFICADO

Para comenzar, tendrás que asegurarte de que tus vehículos y mezcla de inversión estén alineados con la duración de tu inversión, los requisitos financieros y la comodidad con los niveles de volatilidad. El rendimiento anterior no garantiza la forma en que actuarán tus vehículos de inversión ni los resultados futuros. Los retornos consisten en reinvertir dividendos y otros tipos de ganancias. Sin embargo, es esencial comprender que la diversificación no es una tarea única y que las inversiones generalmente cambian con el tiempo. El siguiente cuadro muestra la diferencia entre el desempeño de los portafolios de diversificación en 1995 y 2015.

Entonces, ¿qué sucede realmente cuando no equilibras tu portafolio? Examinemos un portafolio de ejemplo durante un período de veinte años para mostrar cómo los mercados cambiantes, como el aumento del S&P 500 que tuvo lugar en los últimos años, pueden tener un efecto en las mezclas de inversión y los niveles de riesgo en las carteras. Digamos que la cartera experimentó un crecimiento del 80% en *stocks*, 10% en bonos y 10% en inversiones a corto plazo durante abril de 1995. Veinte años después, a fines de abril de 2015, esta combinación ha cambiado completamente y todos sus componentes experimentado un aumento.

Una cosa importante a entender es que el desempeño anterior no necesariamente garantiza resultados rentables, especialmente que los *stocks* han tenido cambios de costos más altos que el dinero o los bonos. En otras palabras, cuando las carteras se inclinan hacia las existencias, tienen la posibilidad de mayores aumentos. El nivel de riesgo de la cartera fue aproximadamente un 10% más que las mezclas objetivo debido a los cambios en la asignación de activos relacionados con los rendimientos relativos a los diferentes vehículos de inversión. Los niveles de riesgo asociados con el portafolio se evalúan mediante la desviación estándar anual de los rendimientos obtenidos cada mes, lo que demuestra la variabilidad de los rendimientos.

Examinemos ahora estos niveles de riesgo a lo largo del tiempo tomando dos escenarios como ejemplo. Si las mezclas de inversión se vuelven a equilibrar a los objetivos anualmente, y si no se realizaron revaluaciones (una técnica de compra y retención). Los niveles de riesgo asociados con los portafolios de compra y retención difieren ampliamente de los de los portafolios reequilibrados. A lo largo del tiempo, este portafolio tendrá mayores riesgos (volatilidad anual del portafolio). Reequilibrar y reevaluar su portafolio no es solo un ejercicio para disminuir el riesgo. El objetivo principal aquí es reorganizar su combinación de inversiones para que vuelva a los niveles de riesgo esperados. A veces, esto puede significar la disminución de los niveles de riesgo al aumentar las porciones de portafolio en opciones más conservadoras. Sin embargo, esto puede significar aumentar el riesgo, por lo que puede volver a la combinación principal nuevamente. Esto implica aumentar la cantidad de inversiones en clases de activos que son más riesgosas como las acciones. Tendrá que crear una estrategia, seleccionar una inversión adecuada y realizar chequeos regulares para asegurarse de que su cartera esté siempre en camino. A continuación, hay tres pasos que lo ayudarán a lograr esto:

I) *SABER QUÉ ES TU MEZCLA DE INVERSIÓN.*

Si aún no lo has hecho, selecciona una combinación de vehículos de inversión que consideres adecuados para tus objetivos y metas de inversión. También debes tener en cuenta tus finanzas, niveles de volatilidad y el dinero necesario para hacer la inversión. Cuanto más tiempo tengas para invertir, mayor será el nivel apropiado de vehículos de inversión en una cartera. Por ejemplo, las acciones siempre tienen mayores posibilidades de crecimiento, y los plazos más largos pueden ayudar a disminuir los niveles de volatilidad. Además, cuando requieras el dinero en un par de años, o si la idea de perder dinero te pone nervioso, debes tener en cuenta la asignación de más a inversiones que son menos volátiles como los bonos y las inversiones de corta duración. Cuando hagas esto, vas a negociar la posibilidad de obtener más ganancias por menos niveles de volatilidad.

II) *Examina tu portafolio en bases regulares*

Se sugiere que, ya sea que lo hagas solo o con la ayuda de profesionales de inversión, debes monitorear las mezclas de inversión anualmente, o siempre que las condiciones del mercado o las circunstancias financieras terminen cambiando. Es esencial que reevalúes tu portafolio para corregir cualquier cambio significativo que vaya a afectar tu inversión. Una buena idea es considerar reequilibrar tu portafolio si la asignación de acciones se aleja del objetivo en un 10%.

III) *Rebalanceando tu portafolio*

Hay diferentes formas de reequilibrar tu portafolio de inversiones. Una de ellas es vender estas clases de *assets* que tienes mucho valor y luego reinvertir estas ganancias en aquellas que son menos que tu objetivo. Sin embargo, la venta de stocks en cuentas imponibles tiene diferentes consecuencias fiscales. Por lo tanto, debe asegurarse de tener en cuenta los impuestos cuando decidas comprar o vender. Otra forma de hacerlo es reequilibrando la cartera sin resultados de impuestos instantáneos invirtiendo el dinero gradualmente o al mismo tiempo.

No importa qué enfoque decida seguir, una parte importante del reequilibrio es hacerlo de una manera que mantenga tu cartera de inversiones diversificada en cualquier tipo de inversión. El cumplimiento de tus objetivos a largo plazo necesita recompensas equilibradas y riesgos asociados. Seleccione las combinaciones de inversión adecuadas y luego monitorear estas opciones puede hacer una gran diferencia en tus resultados.

Capítulo 4 – Empezando

Después de elegir un vehículo de inversión y el tipo de cartera que le interesa, el siguiente paso sería seleccionar una estrategia adecuada. Este capítulo incluirá una explicación detallada del proceso de inversión, cómo establecer objetivos con éxito y formas efectivas de crear una cartera.

Sigue el proceso de inversión

El proceso de inversión se divide en siete pasos diferentes, siendo cada uno más importante que el otro.

- Propósito: debe asegurarse de comprender correctamente el objetivo de sus inversiones, en relación con sus objetivos y las razones por las que invierte su dinero en ellos. Debe tener diferentes objetivos a corto plazo en el marco de un plan a largo plazo. Sin embargo, varias inversiones son más adecuadas para varios objetivos y es por eso que debes tener en cuenta cada objetivo por separado y de manera diferente, y luego buscar sinergias entre estos objetivos.

- Devolución: elije las devoluciones que necesitas, en términos de ingresos inmediatos a largo plazo. Esto también incluye crecimiento y desarrollo para alcanzar con éxito los objetivos. Los ingresos y los componentes del crecimiento compensarán las ganancias y los rendimientos totales.

- Marco de tiempo: elija el marco de tiempo en el que estás invirtiendo, para que puedas lograr y progresar a la hora de alcanzar tus objetivos y metas. Tu marco de tiempo será una mezcla del marco de tiempo en el que desea gastar tu dinero (ejemplo: jubilación) y la cantidad máxima de tiempo que puedes esperar antes de ver ganancias y cualquier resultado. Esto te hará confiar en que estás en el camino correcto para lograr tus objetivos y metas.
- Riesgo: elija qué riesgos y la cantidad de riesgos que vas a asumir. También debes elegir los riesgos y los posibles resultados adversos que pueden y deben gestionarse.
- Táctica de inversión: elija la estrategia de inversión que sea mejor para usted en términos de equilibrar los requisitos de sus rendimientos a lo largo de la duración de la inversión.
- *Assets*: elija el tipo de *assets* (productos) que vas a comprar para aplicar tu plan.
- Revisión: asegúrate de repetir estas etapas, según sea necesario, en función de los cambios que tengan lugar en sus objetivos o cualquier circunstancia repentina que tenga lugar.

Cuando sigas la estrategia de inversión de siete pasos, descubrirá que necesita asistencia y recomendaciones si recién está comenzando. Si no necesita ayuda, eso es genial, y puede continuar implementando los pasos por su cuenta. Si lo hace, es una buena idea discutir sus objetivos y metas con alguien que sea más profesional y lo ayudará a ser objetivo. Del mismo modo, cuando identifica activos para su estrategia de inversión, podría necesitar a alguien con una experiencia específica. Sin embargo, es esencial recordar que cuantas más tarifas pagues para obtener asesoramiento y ayuda, probablemente obtendrás menos beneficios. Las recomendaciones obtenidas deben centrarse en aumentar las posibilidades de que puedas cumplir tus objetivos financieros.

CREE UNA VISIÓN GENERAL DE SUS FINANZAS Y DECIDE CUANTO ESTÁS DISPUESTO A USAR PARA LA INVERSIÓN Y LA IMPORTANCIA DE MANTENER LA LIQUIDEZ.

Es importante crear una descripción general de la cantidad de dinero que vas a gastar y comprender el concepto de liquidez. ¿Entiendes cómo el dinero que es fácilmente accesible está en forma de efectivo y equivalentes? Esta es una evaluación de liquidez.

Como puede ver, esto tiene un papel importante en la vida financiera y en las acciones que compras y vendes. A partir de una definición con ejemplos de varios tipos, luego examinaremos cómo los vehículos de inversión tienen un papel esencial en el mantenimiento de la liquidez. Es esencial comprender la liquidez desde el punto de vista de otros inversores, especialmente cuando se trata del mercado de valores. Ten en cuenta que los índices financieros podrían usarse para evaluar la liquidez de un vehículo de inversión o una empresa.

La liquidez se refiere a lo fácil que es transformar los *assets* en dinero (efectivo). Se considera que el efectivo es el *asset* más líquido, y es por eso que siempre se usa para realizar comparaciones. Por otro lado, los certificados de depósito se consideran menos líquidos, ya que existe una penalización por cambiarlos a efectivo justo antes de su fecha de vencimiento. Además, los bonos de ahorro se consideran bastante líquidos, ya que se venden en los bancos de manera fácil. Finalmente, las diferentes *shares* de bonos, materias primas y stocks se consideran algo líquidas, ya que se venden fácilmente, y el efectivo se puede recibir en un par de días. Cualquiera de estos puede considerarse efectivo o equivalentes de efectivo, ya que se convierten en efectivo sin ningún esfuerzo, aunque a veces esto puede ir acompañado de una pequeña penalización.

Al descender, nos encontramos con diferentes *assets* que requieren más esfuerzo y tiempo antes de que puedan tener efectivo. Un ejemplo de esto es que puede afectar las shares restringidas, que tienen convenios que dictan la forma en que posiblemente se pueden vender. Otros ejemplos incluyen artículos como monedas, artes y otros tipos de objetos de colección. Si va a vender a otros coleccionistas, debe recibir el valor total, pero en realidad esto puede llevar a cabo algún tiempo, incluso si Internet lo hace más fácil hasta cierto punto. Si tomas la decisión de utilizar un distribuidor, podrás recibir más rápido, pero probablemente será menos. El menor tipo de *asset* líquido es el inmobiliario, ya que generalmente lleva semanas, si no meses, para venderse con éxito. Cuando se invierte en *assets*, es esencial tener en cuenta los niveles de liquidez, ya que puede ser difícil o puede llevar mucho tiempo volver a convertir en efectivo ciertos tipos de *assets*.

Además de vender activos, podría obtenerse efectivo mediante préstamos contra él. Aunque esto se puede hacer de manera privada entre dos personas, generalmente se hace a través de instituciones financieras. Una institución financiera tiene mucho más efectivo de los depositantes juntos y puede cumplir efectivamente los requisitos de cualquier prestatario. Además, cuando los depositantes requieren efectivo instantáneamente, esta persona no solo lo retirará de la institución financiera en lugar de acudir a los prestatarios y solicitar el pago de la nota completa. Por lo tanto, las instituciones financieras actúan como intermediarios entre los prestamistas y los prestatarios, lo que resulta en un flujo de dinero sin problemas y cumple con los requisitos de cada parte de un préstamo.

LIQUIDEZ Y MERCADOS DE STOCKS

Cuando se trata del mercado de stocks, la liquidez tiene un significado diferente, a pesar de que todavía está conectado con facilidad a los *assets*, o el *stock*, pueden cambiarse efectivamente a efectivo. El mercado de valores se considera líquido si las acciones se venden rápidamente y los actos de venta tienen poco efecto sobre el precio de las acciones. Por lo general, esto se traduce en dónde se compran y negocian las acciones y la cantidad de interés que los inversores tienen en ella. Las acciones de las empresas que cotizan en bolsas significativas se consideran líquidas. Por lo general, el 1% de la flotación total se negocia diariamente, mostrando altos grados de interés en *assets*. Además, las *assets* de las compañías que se negocian en hojas rosadas y en el mostrador se consideran no líquidas, con algunos shares, si no cero, que se negocian a diario.

Otra forma de juzgar con éxito la liquidez de los *assets* de la compañía es examinando el diferencial de oferta / demanda. Cuando se trata de spreads líquidos, como

Microsoft y General Electric, los spreads se consideran solo un par de centavos, probablemente menos del uno por ciento del precio total. Sin embargo, cuando se trata de acciones no líquidas, los diferenciales se consideran mucho más grandes, lo que resulta en un pequeño porcentaje del precio total.

Una cosa importante a tener en cuenta como inversor al realizar un pedido es la liquidez de los *assets*. Durante las horas normales de mercado en intercambios significativos, poner una orden de límite te llevará a obtener el precio de lo que estás buscando. Esto es especialmente cierto para las empresas no líquidas, o durante las horas posteriores a la negociación donde habrá menos operadores activos. Es el más adecuado para hacer un pedido limitado, ya que una liquidez más baja puede resultar en un costo que no estarían dispuestos a pagar.

DEFINE OBJETIVOS FINANCIEROS Y CREA UNA VISIÓN GENERAL DE LOS GASTOS (TRIÁNGULO FINANCIERO, LIQUIDEZ, DEVOLUCIÓN, SEGURIDAD (DINERO).

El próximo y quizás uno de los pasos más importantes es definir claramente los objetivos a corto y largo plazo. Es esencial también comprender y seguir el triángulo financiero, que incluye liquidez, rendimiento y seguridad, donde todos están conectados entre sí.

La gente invierte por diferentes razones y es por eso que es importante que determine sus objetivos financieros, tanto a corto como a largo plazo. Podría tener que pasar años en algunos objetivos, mientras que otros se pueden lograr en un par de días. En relación con esto, requiere una planificación cuidadosa y un enfoque más equilibrado para cumplir con éxito los objetivos a largo plazo mientras se financian los objetivos actuales.

Cuando crees la estrategia financiera, lo principal que debes hacer es determinar tus objetivos a corto y largo plazo. Esto te brindará la seguridad de un futuro financiero prometedor. Con las metas y un plan de inversión claramente identificados, habrá una tendencia a colocar tu dinero en el lugar equivocado, con gastos inútiles que resultarán en problemas financieros. Piensa en los objetivos que estableces como marco para tu plan de inversión. Cada meta financiera debe tener un marco de tiempo y se considera un hito para metas futuras. Los objetivos a corto plazo son diferentes de los largos en el tiempo. Por lo general, son más pequeños en su alcance y monto monetario con una fecha específica para alcanzarlos.

Un ejemplo de objetivos a corto plazo podría implicar comprar muebles para el hogar, mejoras para el hogar o simplemente ahorrar para invertir en acciones. Un objetivo a corto plazo es uno que posiblemente desees alcanzar de un par de semanas a dos años desde el momento en que inviertes. Muchos expertos en inversiones explican que los objetivos a corto plazo deben incluir la eliminación de cualquier deuda y tener una visión general de los gastos.

IDENTIFICA Y PRIORIZA TUS OBJETIVOS

Lo primero que tienes que hacer es descubrir las cosas que quieres en la vida. Esto podría diferir de comprar una casa para comenzar un negocio o simplemente retirarte según tu horario. Sin ningún objetivo, las ganancias que obtienes se pueden gastar en cosas que no necesariamente necesitas en ese momento. Además de identificar objetivos financieros, trate de estimar la cantidad de gastos y dinero que va a necesitar para poder alcanzar cada objetivo. También es importante crear un marco de tiempo para cada objetivo a corto plazo, especialmente cuando se trata de determinar cuántos años le llevará alcanzar con éxito este objetivo.

Evaluar finanzas y eliminar deudas

Examine su situación financiera actual, como deudas de tarjetas de crédito, préstamos o hipotecas. Antes de comenzar a invertir dinero y gastar dinero para alcanzar los objetivos, es esencial que elimine cualquier deuda que tenga, especialmente las que tienen altas tasas de interés, como las tarjetas de crédito. En realidad, este debe ser tu principal objetivo a corto plazo. Además, si has comprado acciones y fondos anteriormente y estas inversiones están funcionando bien, asegúrate de que encajen en tu plan. Comprende en qué estás basando exactamente los objetivos. Por ejemplo, si estás estableciendo metas para la jubilación, debes calcular la cantidad de años restantes hasta tu jubilación, y la cantidad de ingresos que necesitarás. El próximo objetivo a corto plazo es mejorar los ahorros al reducir el gasto injustificado. Cuando eches un vistazo a algunas cosas en las que gastas dinero, notarás que hay muchas cosas en las que gastas que no son necesarias y puedes usarlas en el proceso de inversión.

Solicitar ayuda para establecer un plan financiero también es una gran idea si tienes problemas para comprender ciertos aspectos. Los asesores de inversiones con experiencia no solo ayudarán a identificar objetivos y evaluar una situación financiera, sino que también elegirán inversiones que coincidan con tus objetivos y metas. Además, los asesores de inversiones están especialmente capacitados, por lo que pueden encontrar inversiones que sean adecuadas para tu estrategia, lugar de riesgo, y también teniendo en cuenta diferentes aspectos de tu vida al crear un plan de inversión para ti. Los asesores expertos en inversiones también realizan seguimientos regulares al monitorear continuamente las inversiones y garantizar que se realicen ajustes cuando sea necesario.

METAS A LARGO PLAZO

Hay metas a corto, largo plazo y metas que simplemente están en el medio. La diferencia entre estas categorías generalmente está relacionada con el tiempo que se requiere para cumplir los objetivos y el compromiso monetario para cumplirlos. Las metas a largo plazo generalmente requieren años para ser calculadas. El objetivo a largo plazo más esencial para todos es ahorrar para su jubilación o ganar suficiente dinero para poder mantener el estilo de vida que desean a largo plazo. Uno de los pasos principales implica tener excelentes ahorros y la creación de un plan financiero detallado cuando se está comenzando. Esto te permitirá mantenerte enfocado durante todo el proceso.

MONITOREAR LAS INVERSIONES SOBRE UNA BASE REGULAR

Es esencial ajustar la inversión de manera regular. Se recomienda revisar personalmente el portafolio cada cuatro meses y reunirse regularmente con el asesor. También debes administrar los riesgos asegurándote de que las asignaciones de activos seleccionadas aún coincidan con tus objetivos y metas generales. Haz ajustes adecuados a las inversiones solo cuando sea necesario. El principal beneficio de contar con asesores de inversión es que podrán monitorear los fondos y alentar diversas inversiones cuando sea necesario. Si surge algo cuando revisas tu plan, siempre puede revisarlo en consecuencia porque esto también te ayudará a identificar nuevas metas.

DEFINE EL PORTAFOLIO DE TU ESTRATEGIA DE INVERSIÓN (EJ. 20% STOCKS, 50% BIENES FÍSICOS, 30% BIENES RAÍCES)

En el mercado internacional actual, una cartera de inversiones bien mantenida es esencial para el éxito de cualquier inversor. Como inversor, debes conocer la forma de descubrir un activo que sea adecuado para tus objetivos de inversión. Además, tu cartera debe satisfacer tus necesidades futuras y brindarte comodidad y tranquilidad. Es esencial que las carteras estén alineadas con los objetivos y los planes de inversión siguiendo un enfoque detallado. Estos son algunos pasos que debes seguir al definir y crear tu portafolio de inversiones.:

1. Determinar la asignación de activos adecuada: determinar tus situaciones y objetivos financieros es el primer paso para construir un portafolio. Los elementos esenciales a tener en cuenta son la edad, la cantidad de tiempo que necesitas para desarrollar estas inversiones y la cantidad de capital necesaria para invertir junto con las necesidades futuras. Por ejemplo, un solo estudiante graduado que recién comienza su carrera y una persona de 70 años que está

casada y quiere jubilarse pronto tendrá varios planes de inversión.

2. Lograr un portafolio planificado basado en el primer paso. Cuando hayas determinado la asignación de activos correcta, debes dividir este capital entre clases de activos adecuados. Esto no va a ser difícil en un nivel básico donde las acciones serán acciones y los bonos definitivamente serán bonos. Sin embargo, más adelante puedes dividir varias clases de activos en categorías o subclases más pequeñas, que pueden tener varios riesgos y posibles rendimientos. Muchos inversionistas eligen separar porciones de capital entre varios sectores, acciones nacionales e internacionales. La parte de los bonos que podrían asignarse entre ellos puede ser a corto o largo plazo.

3. Reevaluación del crecimiento del portafolio: cuando creas un portafolio, debes evaluarlo y reequilibrarlo de manera periódica debido a los movimientos del mercado, lo que puede provocar que las ponderaciones iniciales se transformen. Para evaluar la asignación real de activos de tu portafolio, clasifica cuantitativamente las inversiones y determina la proporción de sus valores conjuntamente. Otros factores que pueden cambiar con el tiempo son la situación financiera, las necesidades potenciales y la tolerancia a los riesgos asociados. Cuando estas cosas cambien, tendrás que cambiar o regular tu portafolio en función de esos factores. Cuando la tolerancia al riesgo disminuya, tendrás que disminuir la cantidad

de acciones que posees. Además, tendrás que estar listo para aceptar un mayor riesgo y la asignación de tu activo en una proporción menor de los activos para ubicarte en acciones de pequeña capitalización que son algo más riesgosas.

4. Reequilibra el portafolio de manera estratégica. Cuando hayas determinado el tipo de valores que deseas disminuir y en qué cantidad, debes tomar una decisión sobre los valores infraponderados que comprarás con estos ingresos. Esto también implica la venta de valores que están sobreponderados o que no generan tantos beneficios como se esperaba. Para seleccionar tus valores, debes ir al segundo paso. Cuando vendes los activos para reevaluar tu cartera, debes tener en cuenta las implicaciones fiscales asociadas con la reevaluación del portafolio. Quizás el proceso de inversión es el crecimiento de las acciones que se han apreciado continuamente durante el año anterior. En esta situación, podría ser beneficioso no contribuir con nuevos fondos a la clase adicional porque esto va a disminuir la ponderación de las acciones en el portafolio por tiempo con la acumulación de impuestos sobre las ganancias.

LA LÍNEA FINAL

En general, un portafolio bien diversificado es la mejor solución para garantizar que tus inversiones se desarrollen y crezcan continuamente a largo plazo. Esto también protegerá todos tus diferentes activos de cualquier riesgo de caídas significativas y diferentes cambios estructurales en la economía por el tiempo. Asegúrate de monitorear regularmente la diversificación del portafolio, haz los ajustes necesarios cuando sea necesario y mejorarás tus oportunidades de mantenerte exitoso a lo largo de tu carrera de inversión.

CAPÍTULO 5 – CONSTRUCCIÓN DEL PORTAFOLIO

Una vez que hayas definido y creado tu portafolio de inversiones, es hora de que te enfoques en él y te asegures de que tenga éxito continuamente. Este capítulo incluye una explicación detallada de cómo construir sobre tu portafolio, qué es un portafolio perezoso e invertir en diferentes tipos de índice ET junto con tus ventajas estadísticas asociadas.

Cómo construir un portafolio perezoso y obtener un buen profit

Los portafolios perezosos se crean para funcionar bien en diferentes condiciones de mercado. La mayoría de ellos consisten en una pequeña cantidad de fondos de bajo costo que pueden ser fácilmente reevaluados y reequilibrados. La razón por la que se los considera "perezosos" es porque los inversores pueden mantener fácilmente la misma asignación de activos durante períodos de tiempo prolongados, porque generalmente consisten en bonos del treinta al cuarenta por ciento, y este porcentaje es adecuado para muchos inversores antes de la jubilación.

Portafolios de tres fondos

Los portafolios de tres fondos son uno de los tipos más importantes de portafolios perezosos y consisten en tres categorías de bonos, el mercado global total y el mercado estadounidense total. Además, debes tener en cuenta que existen varias alternativas cercanas relacionadas con estos fondos, especialmente al comprarlos a Vanguards.

PORTAFOLIOS DE CUATRO NÚCLEOS

Uno de los métodos más simples para crear un portafolio es por tenencias centrales y extendidas. Las participaciones principales constituyen la mayoría de las características de riesgo y rendimiento asociadas al portafolio. Además, las tenencias extendidas brindan los últimos toques a cualquier portafolio. El portafolio principal de cuatro núcleos incluye cuatro tipos diferentes de fondos que constituyen la "piedra angular" del portafolio. El siguiente cuadro muestra cómo se asignan los activos en las cuatro carteras principales.

INVERTIR EN ÍNDICES ETFs CON VENTAJAS ESTADÍSTICAS

Invertir en ETF es otra excelente opción y hay muchas opciones para elegir.

- **ETF de *Vanguard* total de la bolsa**: Incluye el 34% del portafolio total de stocks y sigue el índice *CRSP U.S. Total Stock Market*. Cubre todo el mercado de valores estadounidense y tiene el 19% de sus activos totales en organizaciones medianas y el 9% en límites que son más pequeños. En comparación, el S&P 500 tiene un 12% colocado en límites medios y no hay nada colocado en fondos pequeños. Al igual que en el caso de todos los fondos explicados en este libro, las acciones generalmente se ponderan utilizando el valor de mercado. Esto puede calcularse multiplicando los precios de las acciones con la cantidad de acciones en circulación. Apple actualmente tiene la mayor participación con el 2.3% de los activos totales. El valor del mercado promedio de las tenencias relacionadas con fondos es de $ 37 mil millones. Los fondos actualmente rinden 1.9% de los gastos y 0.05% anualmente.

- **Índice de *Vanguard* total International de la ETF**: Esto implica el 22% del portafolio total de acciones y es el gemelo internacional del *ETF Vanguard Total Stock Market*. Se refleja en el índice FTSE de EE. UU., Donde el valor promedio del mercado es de aproximadamente $ 21 mil millones. Los mercados que están algo desarrollados representan aproximadamente el 86% de los activos totales de los fondos y los mercados emergentes constituyen el resto. Las empresas más grandes se hacen cargo de los fondos, pero alrededor del 17% se encuentra en límites medios y el 3% se coloca en límites más pequeños. El ETD actualmente rinde alrededor del 2.8% y cobra alrededor del 0.14% anualmente.

- **Dividendo ETF de Vanguard e Índice de apreciación**: incluye el 12% del portafolio total de acciones y solo implica invertir en empresas que experimentaron un aumento en sus dividendos durante los últimos diez años. Sigue el índice *Nasdaq Dividend Achievers*, que elimina a las empresas que no tienen solidez financiera, principalmente porque tienen mucha deuda. A pesar del enfoque de estos dividendos, en realidad no se considera un alto rendimiento, solo 2.0%, que es como el S&P 500. Además, la apreciación de dividendos se considera un fondo indexado inusual, pero la razón por la que se incluyó fue debido Para demostrar cada vez más que las acciones de alta calidad, especialmente las fichas azules que tienen dividendos atractivos, han tenido un gran rendimiento a largo plazo. Además, los gastos anuales representan el 0,10%.

- **Índice de mercado extendido Vanguard ETF:** incluye el 12% de la cartera total de acciones y sigue el índice de finalización de S&P. Casi posee todas las empresas públicas estadounidenses negociables, sin incluir acciones de centavo o algo similar, que el S&P 500 actualmente no posee. Desde 1926, los pequeños límites han pasado un promedio anual del 2% más alto que las compañías que son algo más grandes, aunque con niveles de volatilidad más altos. Casi el 6% del ETF se invierte actualmente en límites medios, junto con límites pequeños y cobra un 0,10% anual.

- **Índice bursátil de mercados emergentes Vanguard ETF:** incluye el 8% del portafolio total de acciones, sigue el índice FTSE de mercados emergentes, que consta de 850 acciones de veintidós países en desarrollo diferentes. Los mercados emergentes están siguiendo las acciones de los Estados Unidos de manera ineficaz desde finales de 2011. Sin embargo, esto no necesariamente significa que las economías que crecen rápidamente no merecen ser incluidas en sus inversiones a largo plazo. Actualmente, este fondo cobra un 0,15% anual. Las acciones internacionales representan actualmente el treinta por ciento de los activos, donde 1/3 de ellos son mercados emergentes. Durante los últimos diez años, el 30 de abril, la cartera de inversiones arrojó un 9.0% anual. Por diferencia, el S&P 500 terminó devolviendo un 7.7% anual durante exactamente el mismo tramo.

En cuanto a los vehículos de inversión asignados, muchos inversores deben tener aproximadamente del 70% al 75% de su portafolio de inversiones en fondos de acciones. Sin embargo, se recomienda disminuir gradualmente eso a medida que comience a acercarse a la jubilación. Incluso cuando se realiza la jubilación, muchas personas deberían tratar de mantener el 50% de sus inversiones en fondos de acciones.

Capítulo 6 – Aspectos psicológicos

No creas todo lo que ves en CNBC o en las revistas de mercados bursátiles

Uno de los principales errores que cometen muchos inversores, especialmente los principiantes, es que siguen lo que las revistas o canales de inversión les dicen que hagan. Sí, dan buenos consejos y recomendaciones, pero esto no necesariamente significa que también van a funcionar para ti.

¡El tiempo trae éxito!

Educarse a sí mismo es muy importante y esto se ha vuelto fácil con las infinitas fuentes de información disponibles. Muchos inversores exitosos pudieron aprender por sí mismos al leer y estudiar estas fuentes. Hay libros, artículos, videos y sitios web, de pago y gratuitos, que puedes utilizar para comprender todos los diferentes aspectos relacionados con la inversión. No hay nada malo en buscar ayuda. Si sientes que hay algo que no puedes entender y necesitas más ayuda, no tiene nada de malo ponerse en contacto con profesionales de inversiones que te ayudarán en todo lo que necesites.

Nadie se vuelve exitoso o rico de la noche a la mañana y esta es una de las principales ideas erróneas que tienen muchos inversores una vez que comienzan a invertir. Una de las cosas que nunca debes hacer es tomar esto como un esquema rápido para hacerte rico. Invertir es algo que requiere tiempo, dedicación y trabajo realmente duro. La paciencia también es muy importante. Si pruebas una determinada estrategia, por ejemplo, y no funciona, sigue intentándolo hasta que lo haga bien. Al principio todo es difícil y la inversión no es una excepción a esta regla.

Para ser sincero, comprar acciones no es la parte difícil. El desafío se presenta al decidir qué compañías te beneficiarán, cuáles son generalmente las compañías que dominan el mercado de valores de manera consistente. Aquí es donde muchos posibles inversores se quedan cortos y es por eso que he dedicado un capítulo entero a elegir un plan de inversión.

Las estrategias que vamos a discutir en este capítulo han sido probadas y probadas innumerables veces por numerosos inversores, y se ha demostrado que funcionan cada vez, sin falta. Antes de comenzar, aquí hay un consejo de inversión que podría salvarte la vida: nunca inviertas más del 10% de tu portafolio en acciones individuales.

NO DEJES QUE TUS EMOCIONES TE SUPEREN

Tener éxito en el mercado de valores no tiene nada que ver con tu intelecto, como hemos dicho antes. En cambio, debes poder luchar y controlar los impulsos que tienden a causar problemas a otros inversores al comprar y vender acciones. Debes ser capaz de pensar lógica y emocionalmente acerca de tus inversiones y ser capaz de tomar una decisión basada en tu cabeza e instinto.

Pensar demasiado en una inversión también puede conducir al desastre. Debes pensar mucho en tus inversiones, pero no tanto como para empezar a adivinar todo, lo que te hace perder una oportunidad increíble.

Del mismo modo, la hiperactividad en el comercio liderada por tus emociones es una de las formas más fáciles de obstaculizar los retornos en tu portafolio.

Ser capaz de equilibrar la lógica y las emociones te ayudará a largo plazo.

ELIGE COMPAÍAS EN LUGAR DE SÍMBOLOS DE MARCA

Puede ser difícil recordar que detrás del revoltijo de letras y números de las cotizaciones de acciones que se encuentran a la deriva en la parte inferior de una transmisión de noticias hay una compañía real propiedad de personas reales. Trata de no dejar que el mercado de valores y la compra de acciones se conviertan en un concepto abstracto en tu mente. Recuerda que cuando compras una parte de una empresa, te estás convirtiendo en copropietario de ese negocio.

Encontrarás información abrumadora que podría causar una sobrecarga cuando estés buscando posibles socios comerciales. Piénsalo de esta manera: es mucho más fácil localizar a la compañía correcta cuando usas un sombrero que dice: "Compro negocios". Desea ver cómo opera un negocio, sus competidores, su lugar en la industria como en su conjunto, si aporta algo nuevo a su cartera y sus perspectivas a largo plazo.

SIEMPRE PLANIFICA CON ANTICIPACIÓN

Todos los inversores, en algún momento u otro, enfrentan la tentación de alterar su estado de relación con sus acciones. Como mencioné anteriormente, tomar decisiones en el calor del momento puede llevar al infame error de inversión de comprar alto y vender bajo. Aquí es donde las estrategias y el diario son útiles.

Intenta escribir algunas de las cosas que hacen que valga la pena comprometerse con todas las acciones de tu portafolio y, aunque tengas la cabeza clara, las situaciones que justificarían terminar tu relación con algunas acciones. ¿Por qué estás comprando y por qué estás vendiendo?

Escribe exactamente qué te atrae de cierta compañía y qué oportunidades ves en el futuro. Determina cuáles son tus expectativas, qué métricas son las más importantes y los hitos por los que juzgarás el progreso de la empresa. Organiza los inconvenientes que podrían ocurrir, de los que podrían cambiar el juego por completo, y cuáles serían solo un revés temporal.

Del mismo modo, puede haber muchas buenas razones para decidir cortar una inversión. Para esta parte de tu proceso de planificación, intenta desarrollar un acuerdo prenupcial de inversión que establezca claramente qué podría hacer que abandones una acción. No confundas esto con el movimiento de los precios de las acciones, especialmente no a corto plazo.

En lugar de eso, enfócate en los cambios que son fundamentales para el negocio y que influirían en la capacidad de la empresa para crecer a largo plazo. Si la compañía pierde repentinamente a un cliente importante, o si un competidor importante ingresa al mercado, o el sucesor del CEO mueve el negocio hacia una dirección diferente, o su plan de inversión no funciona después de un tiempo.

Estas son todas las cosas que pueden incitarte a vender una acción, pero no son las únicas razones. Puedes tener razones diferentes y más personales para dejar ir una inversión, todo lo cual debe anotarse en tu diario o plan de negocios.

AUMENTA GRADUALMENTE TUS POSICIONES

El tiempo es la superpotencia del inversor, no el cronometraje. Todos los inversores más prósperos del mundo compran acciones porque esperan una recompensa para ellos, ya sea por dividendos o apreciación de precios durante un período de años o incluso décadas. Esto significa que también puedes tomarte tu tiempo al comprar. Estas son algunas estrategias que pueden reducir tu exposición a la volatilidad del precio.

Compra en tercios

Cuando compras en tercios, puedes evitar que tu moral se vea aplastada por resultados inestables cuando comienzas a invertir en el mercado de valores. Divide la cantidad que deseas invertir por tres, luego elije tres puntos separados para comprar acciones, como su nombre lo indica. Estos podrían basarse en eventos y desempeño de la compañía, o en intervalos regulares.

Para dar un ejemplo, puedes decidir comprar acciones antes de que se lance un producto y luego poner el siguiente tercio de tu dinero en estas acciones si resulta ser un éxito. Si resulta ser un fracaso, puedes desviar el resto de tu dinero a otra parte.

Promedio del precio en dólares

Si bien esto puede sonar como un concepto complejo, en realidad es bastante simple. El promedio del costo en dólares implica invertir una suma predeterminada de dinero a intervalos regulares, como una vez al mes o cada pocos meses. Esta cantidad puede comprar más acciones cuando el precio de la acción disminuye, y menos acciones cuando aumenta su precio.

En general, iguala el precio promedio que terminarás pagando. Incluso hay algunas firmas de corretaje en línea que permiten a los inversores establecer cronogramas de inversión totalmente automatizados.

Compra 'la cesta'

Si no puedes decidir qué compañía de un grupo en una industria determinada será la ganadora a largo plazo, ¡podrías comprarlas todas! Comprar una canasta de acciones eliminará la presión de tener que elegir "la indicada" que tendrá éxito. Tener participaciones en todos los competidores que cumplan con tus expectativas significa que no te perderás si uno de ellos resulta ser un éxito.

Podrás utilizar las ganancias de la compañía ganadora para compensar las pérdidas de las otras que no tuvieron tanto éxito. También podrás identificar qué compañía es "la indicada", lo que te permite duplicar tu posición si lo desea.

ALÉJATE DE LA HIPERACTIVIDAD

No necesitarás verificar tus existencias más de una vez cada trimestre, como cuando recibes informes trimestrales. Aun así, puede ser tentador monitorear tus acciones continuamente y ver cómo se están desempeñando, pero hacerlo puede llevar a una reacción exagerada a eventos menores en el corto plazo. También puede hacerte sentir como si necesitaras hacer algo cuando realmente no hay necesidad de actuar, y terminas enfocándote en el precio de la acción en lugar del valor de la compañía.

Si una de sus acciones pasa por un cambio repentino en el precio, intenta averiguar la causa. ¿Ha cambiado algo en cuanto a los negocios para la empresa? ¿Tu acción ha sido víctima de daños colaterales causados por la respuesta del mercado a un evento no relacionado? ¿O es algo que influirá en tu perspectiva a largo plazo de manera significativa?

El ruido a corto plazo rara vez es relevante para el desempeño de una empresa bien elegida a largo plazo. Más bien, lo que realmente importa es cómo tú, como inversor, reaccionas al ruido. Aquí es donde entra en juego tu capacidad de pensar racionalmente y con calma, y cuando tu plan de inversión realmente servirá como guía para resistir durante los reflujos y flujos del mercado de valores que son inevitables.

EVALUANDO UNA ACCIÓN

La razón por la que considero que las acciones son una inversión a largo plazo es porque hay bastante riesgo involucrado. Necesitarás algo de tiempo para capear cualquier flujo y reflujo y beneficiarte de las ganancias a largo plazo. Básicamente, la inversión en acciones es excelente para generar dinero que no necesitarás desesperadamente en los próximos cinco años.

Recolecta materiales de investigación para tu stock

Antes de invertir en una acción, querrás revisar las finanzas de la compañía asociada. Esto es lo que se conoce como investigación cuantitativa, y comienza con la recopilación de un par de documentos que las empresas deben presentar ante la Comisión de Bolsa y Valores de los Estados Unidos.

Desde 10-K

Este formulario es un informe anual que incluye todos los estados financieros clave auditados independientemente. Este formulario te permite revisar la fuente de ingresos de la compañía, su balance general, la forma en que administra sus ingresos y sus gastos e ingresos.

Desde 10-Q

Esta forma es mucho más sencilla. Es simplemente una actualización trimestral de los resultados financieros de la compañía y sus operaciones.

Si tienes poco tiempo, siempre puedes encontrar aspectos destacados de los formularios mencionados anteriormente y otras razones financieras esenciales en el sitio web de tu firma de corretaje, o en los principales sitios de noticias financieras. Esta información es crucial, ya que te permite comparar el desempeño de una compañía con sus competidores y otros candidatos para su inversión.

APRIETA TU ENFOQUE

Los informes financieros mencionados anteriormente contienen docenas y docenas de números y valores, y es muy fácil sentirse abrumado. Por eso es tan importante centrarse en ciertos términos para que puedas familiarizarte con el funcionamiento interno de una empresa que es medible.

Ingresos netos

El ingreso neto de una empresa se denomina cifra final, ya que aparece al final de un estado de resultados. Muy creativo. Es la suma total de dinero que una empresa obtiene después de que sus gastos operativos, depreciación e impuestos se hayan deducido de los ingresos. Los ingresos equivalen a su salario bruto, mientras que los ingresos netos pueden verse como el dinero que le queda después de haber pagado sus impuestos y el alquiler.

Ingresos

Los ingresos son la cantidad de efectivo que una empresa aporta durante un período específico. Es lo primero que verá en un estado de resultados y, por lo tanto, se le conoce como la cifra de la línea superior. Los ingresos a veces se pueden clasificar en ingresos operativos e ingresos no operativos. Los ingresos operativos suelen ser los más informativos ya que se generan a partir del negocio principal de la empresa. Los ingresos no operativos generalmente provienen de actividades comerciales puntuales, como cuando se vende un activo.

Relación precio-ganancias (P/G)

Para determinar la relación P/G final de una empresa, debes dividir el precio actual de tus acciones por tus ganancias por acción, generalmente durante el último año. Por otro lado, cuando divides el precio de las acciones por las ganancias predichas por los analistas de Wall Street, puede ver el P/G adelantado de una empresa. Esta medida del valor de una acción puede ayudarlo a determinar cuánto están dispuestos a pagar los inversores para recibir $ 1 de las ganancias de una empresa.

Recuerde que la relación P/G se divide del cálculo de ganancias por acción que potencialmente puede ser defectuoso y las estimaciones de los analistas generalmente se centran en el corto plazo. Esto significa que no es una métrica muy confiable por sí sola.

Ganancias por acción (EPS)

Al dividir las ganancias de una empresa por la cantidad de acciones disponibles para el comercio, tú recibes las ganancias por acción. Este valor indica cuán rentable es una empresa en función de cada acción, lo que hace que sea mucho más fácil compararlo con otras empresas competidoras. Cuando observes que el valor de las ganancias por acción va seguido de '(ttm)', se refiere a los "doce meses finales".

Esta medición ni siquiera es casi perfecta ya que no proporciona una indicación de cuán eficientemente una empresa está haciendo uso de su capital. Algunas compañías tomarán sus ganancias y las pagarán a los accionistas en dividendos, mientras que otras podrían usarlas para reinvertir en el negocio.

Retorno sobre activos (ROA) y retorno sobre patrimonio (ROE)

En términos de percentiles, el rendimiento del capital de una empresa revela la cantidad de ganancias que genera con cada dólar que invierten los accionistas. El patrimonio pertenece a los accionistas. Por otro lado, el rendimiento de los activos es una indicación del porcentaje de ganancias que una empresa obtiene con cada dólar de sus activos. Cada uno de estos valores se determina dividiendo el ingreso anual neto de la empresa por una de las medidas anteriores.

Estos porcentajes también te informarán sobre cuán eficientemente una empresa está obteniendo ganancias.

Tendrás que tener cuidado con las "trampas" aquí. Una empresa tiene la capacidad de aumentar artificialmente su retorno sobre el capital mediante la compra de acciones, reduciendo así el denominador del capital accionario. Del mismo modo, asumir más deuda, como tomar más préstamos para financiar propiedades o aumentar el inventario, se sumará a la cantidad de activos utilizados para calcular el rendimiento de los activos.

Esta es una gran cantidad de información para absorber, y es perfectamente normal sentirse un poco abrumado. Haz todo lo posible para comprender lo que hemos dicho anteriormente para que estés listo para el próximo capítulo, en el que vamos a discutir el proceso de hacer su primera inversión en acciones.

Capítulo 7 – La primera inversión

Desafortunadamente, invertir en el mercado de valores no es tan simple como ir a una tienda para hacer una compra. El proceso de comprar acciones implica crear una cuenta de corretaje, agregar fondos y hacer la tarea sobre qué acciones debes comprar antes de tocar el botón de compra en la aplicación o sitio web de tu *broker* (corredor).

En este capítulo se analizan todos los pasos que debes seguir antes de comprar tus primeras acciones, así como también cómo debes elegir las acciones que valen tu tiempo y dinero.

Encuentra un broker en línea que funcione para ti

El método para elegir un broker en línea que mejor se adapte a ti ha cambiado ligeramente a lo largo de los años. La mayoría de los principales brokers de hoy en día han eliminado las comisiones por operar, lo que resulta en un costo que está fuera de discusión. Esto te deja con dos consideraciones principales al comparar brokers.

Debes pensar si un broker satisface tus necesidades y requisitos, y qué tan fácil es para ti usar su plataforma. Esto último es a veces más importante, especialmente como un inversor más nuevo, ya que hace que ingresar al campo sea más accesible.

¿Tu broker te da todo lo que necesitas?

Un ejemplo de un buen broker en línea sería uno que ofrezca excelentes recursos de aprendizaje para nuevos inversores, investigación de acciones y algunas otras herramientas. Ciertos brokers en línea también ofrecen sucursales cara a cara, para aquellos que deciden que quieren orientación en persona.

Otras características notables que podrían ser beneficiosas incluyen permitir a los inversores comerciar en mercados extranjeros y permitirles comprar acciones fraccionarias. No todos los corredores brindan estas características, así que trate de buscar las que sí lo hacen.

¿La plataforma es fácil de navegar y amigable con el usuario?

Como dije antes, esta pregunta es probablemente un poco más importante para los nuevos inversores, ya que saltar a una plataforma comercial compleja puede ser confuso y, a menudo, te dejará desmotivado. Si decides que vas a operar desde tu teléfono o tableta, querrás una plataforma de corredor móvil que sea lo suficientemente fácil de usar para ti.

Afortunadamente, la mayoría de los brokers populares te permiten probar sus plataformas de negociación con dinero virtual antes de que realmente te registres. Esto te permite probar algunas antes de decidirte por una plataforma con la que comerciar.

ÁBRETE TU CUENTA Y FONDÉALA

Una vez que hayas decidido una plataforma de *trading*, deberás completar una nueva solicitud de cuenta. Deberá tener a mano tu número de Seguro Social y tu licencia de conducir, y también los detalles de tu cuenta bancaria si vas a financiar tu cuenta con tu cuenta de ahorros personal.

El proceso de registro es generalmente rápido e indoloro, y tendrás que tomar dos decisiones al completar una solicitud.

¿Estás buscando opciones de privilegios comerciales?

Como nuevo inversor, es mejor mantenerte alejado de las opciones hasta que sepas lo que estás haciendo y estés familiarizado con el mercado de valores. En general, hay una variedad de privilegios de opciones entre los que puedes elegir, y siempre tienes la opción de solicitar un cambio más adelante.

¿Estás buscando privilegios de margen?

Los privilegios de margen esencialmente te permiten pedir prestado dinero para comprar más acciones. Aunque invertir en margen no es realmente ideal, tener privilegios de margen puede ser beneficioso a veces. Por lo general, no puedes usar los fondos depositados hasta que se borren, a menos que tengas una cuenta de margen.

Cuando se trata de financiar realmente tu cuenta, hay algunas opciones disponibles para ti. La mayoría de las personas optan por usar EFT, o transferencia electrónica de fondos, para depositar dinero en su cuenta. Otros métodos comunes incluyen transferir el dinero o enviar un cheque al broker.

DECIDE QUÉ STOCKS COMPRAR

Ya hemos hablado de analizar las existencias y clasificarlas en los capítulos anteriores, por lo que, con esa información en mente, es hora de determinar qué existencias o existencias deseas comprar en tu nueva cuenta. Recuerda concentrarte en el largo plazo y adquirir acciones que desees poseer durante los próximos cinco o diez años. No te centres solo en acciones que crees que funcionarán bien en los próximos meses.

También debes tener en cuenta lo beneficiosa que es la diversificación. No deseas poner todo tu efectivo en solo tres o cuatro stocks, incluso si estás comenzando tu cuenta con una pequeña suma de dinero. Dado que el comercio se ha convertido en su mayoría libre de comisiones, ahora es más práctico comprar un par de acciones en varias acciones diferentes.

ELIGE UN TIPO DE ORDEN

Tendrás algunos tipos diferentes de órdenes para elegir, y las órdenes de "mercado" son la mejor opción para los inversores a largo plazo. Esto le permite al broker saber que deseas comprar acciones de inmediato y al mejor precio posible.

Otro tipo de orden bastante común se llama orden de "límite". Con este tipo de orden, el broker sabe el precio más alto que estás dispuesto a pagar. Para dar un ejemplo, es posible que desees una acción que actualmente se cotiza a $ 22 por acción, pero deseas poder comprarla por menos de $ 20. Por lo tanto, puedes ingresar una orden de límite que le indica a tu broker que solo realice la compra si el precio alcanza el nivel que deseas.

Una vez que haya completado su boleto comercial y haya presionado "realizar pedido", su corredor debería tardar unos segundos en ejecutar el pedido. Una vez hecho esto, las acciones deberían aparecer en su cuenta de inmediato.

INGRESA TUS PEDIDOS

Este es el paso final en el proceso de compra de tus primeras acciones. Deberás realizar el pedido con tu broker ingresando el símbolo de acciones de tu elección, ya sea que estés comprando o vendiendo acciones, y la cantidad de acciones que deseas.

Entonces, todo lo que necesitas hacer es observar como la capacidad de capitalización a largo plazo del mercado hace todo el trabajo por ti. Por lo general, puedes inscribirte en el plan DRIP de tu broker con solo presionar un botón si deseas que tus dividendos se reinviertan en más acciones automáticamente.

Como dije antes, trata de no revisar tus existencias con demasiada frecuencia, por tentador que sea. Por supuesto, debes mantenerse al día con las últimas noticias de tus empresas suscribiéndote a las noticias y mirando los informes trimestrales. Simplemente no entres en pánico y vendas si tus existencias bajan ligeramente.

Del mismo modo, si tus existencias aumentan ligeramente, trata de no retirar dinero de inmediato. La mejor manera de acumular riqueza durante un largo período es comprar acciones de buenas compañías y mantenerlas mientras esas compañías tengan éxito.

Ahora que hemos explicado cómo hacer tu primera inversión, veamos algunas de las acciones que puedes esperar encontrar en el mercado:

STOCKS DE VALOR

En el mercado de valores, la idea de la inversión de valor es la creencia de que si puedes analizar las finanzas de suficientes empresas y predecir de manera justa los precios de las acciones, podrás encontrar acciones que están infravaloradas y podrían hacer inversiones atractivas. Este enfoque fue desarrollado por primera vez por el famoso economista británico, Benjamin Graham.

La inversión de valor es lo que hizo ricos a muchos inversores exitosos, pero no siempre es fácil encontrar acciones infravaloradas. Una medida increíblemente útil es mirar el valor en libros de una compañía por acción, que detalla los activos de una compañía en comparación con el precio actual de la acción.

Deberás tener mucho cuidado cuando se trata de empresas más pequeñas, ya que casi siempre son más riesgosas y más propensas a la volatilidad que otras acciones con un valor más estable. También debes tener cuidado con las empresas que han experimentado un cambio importante en los precios recientemente, porque tales cambios y cualquier evento de noticias asociado con ellos pueden influir en una serie de métodos de valoración y relación.

STOCKS DE CHIP AZUL

Los stocks de chip azul se refieren a aquellas que forman parte de compañías que probablemente no se verán influenciadas por las principales noticias negativas, y que son reservas de mercado de larga data. Incluso si tuvieran que enfrentarse a una publicidad negativa, son empresas que tienen la edad suficiente y son lo suficientemente fuertes como para recuperarse sin ningún obstáculo.

Los chips azules son excelentes para los nuevos inversores, ya que generalmente cambiarán previsiblemente con el mercado, y no corren un riesgo tan grande como la mayoría de las otras acciones. Walmart es un excelente ejemplo de una acción de primera clase. Son una cadena de tiendas con una historia que se remonta a 1962, tienen una capitalización de mercado masiva de $ 339.72 mil millones y son relativamente estables en comparación con el mercado en general.

La compañía ocupa el puesto número uno en la lista Fortune 500 a partir de 2019, con más de $ 500 mil millones en ingresos anuales. Fortune 500, y otras listas similares, son lugares excelentes para que los nuevos inversores rastreen inversiones de primer orden.

A continuación, se muestra una lista de verificación para comprar tu primer stock:

1. *Compra lo que sabes*

2. *Comprende cómo gana dinero la empresa*

3. *Comprende cómo la empresa mide su crecimiento*

4. *Reconoce los factores de riesgo y la competencia.*

5. *Comprende cómo la empresa está gastando su flujo de caja libre*

6. *Ver si la acción es barata en relación con sus pares y el mercado.*

Capítulo 8 – ¡Lucros, Lucros, Lucros!

No es necesario batear jonrones para tener éxito en el mercado de valores. En cambio, debes concentrarte en obtener los éxitos base e intentar hacer crecer tu portafolio tomando la mayoría de las ganancias en el rango de 20% -25%. Si bien puede sonar contradictorio, siempre es mejor vender acciones cuando está en aumento, avanzando constantemente y luciendo atractivo para todos los demás inversores.

Como ya habrá descubierto, operar en el mercado de valores es un negocio arriesgado, aunque las recompensas que pueden derivarse de estos riesgos hacen que todo valga la pena. Aunque nunca podrá eliminar los riesgos por completo, hay algunas cosas que puede hacer para mitigar los riesgos administrando activamente tu portafolio y haciendo inversiones inteligentes.

Sin embargo, si no tienes cuidado, o si realmente no sabes lo que está haciendo, podrías terminar pagando un precio bastante alto. La estrategia de comprar bajo y vender alto podría haber resultado en el éxito de muchos inversores, pero no es así como los verdaderos profesionales se vuelven exitosos. En cambio, los inversores inteligentes despliegan su dinero estratégicamente para permitir que funcione en más de una forma. En términos sencillos, realizan múltiples tareas a su dinero.

En este capítulo, veremos algunas de las formas en que puede maximizar tus ganancias y aprovechar al máximo tus inversiones.

ESTRATEGIAS DE ACCIÓN DE PRECIO

Si pensaras en invertir como un juego, la forma en que ganarías sería comprando una acción a un precio bajo y venderla más tarde a un precio más alto. Si tú eres propietario de una vivienda, es probable que comprendas este concepto prácticamente. Es mejor usar una de dos estrategias para obtener buenas ganancias de tu inversión.

El primero se conoce como inversión de valor, que se relaciona con los stocks de valor mencionados en el capítulo anterior. Al igual que los productos que compras en las tiendas todos los días, las acciones salen a la venta de vez en cuando, y los inversores de valor esperan que se realice esta venta. Esto les facilita obtener ganancias, ya que las acciones que están infravaloradas o en venta tienen más espacio para crecer.

Desafortunadamente, tu acción favorita podría no ser adecuada para esta estrategia, ya que tienes que pagar un dividendo. Tendrías que tener un precio lo suficientemente bajo como para poder comprar 100 acciones, y necesitas negociar muchas acciones todos los días: es preferible al menos 1 millón de acciones de volumen diario. Ten en cuenta que el valor de una empresa no se basa en su precio.

Hay muchas acciones de alta calidad que cotizan por $ 100 o más, y las acciones que cuestan entre $ 15 y $ 30, con un rendimiento de dividendos de al menos 2%, son las más favorables. También debes evitar las acciones que son altamente volátiles, ya que tus cambios de precio más impredecibles son más difíciles de administrar. Aquí es donde se pondrán a prueba sus habilidades de evaluación de acciones e investigación.

Una vez que haya encontrado sus acciones y haya decidido que desea invertir en valor, desea que este nombre esté en el medio o cerca del final del rango de negociación durante las últimas 52 semanas. Si actualmente no está allí, entonces debe buscar otra compañía o simplemente esperar a que las acciones tengan un precio que esté dispuesto a pagar.

La segunda estrategia se conoce como **comercio de impulso**. Algunos inversores creen que el mejor momento para comprar una acción es cuando su precio continúa subiendo, ya que, como aprendimos en la escuela, los objetos en movimiento tienden a permanecer en movimiento. El único problema con esta estrategia es que generalmente solo es beneficioso para los inversores a corto plazo. La mayoría de la gente quiere pensar en el largo plazo, ya que cuanto más tiempo tenga en stock, mejores serán sus posibles ganancias.

INVIERTE PARA DIVIDENDOS

En el mundo del comercio de acciones de alta tecnología, a menudo se considera aburrido invertir para obtener dividendos, pero realmente pueden ser una fuente importante de ingresos para los inversores a largo plazo. Los dividendos nos brindan dos ventajas distintas que nos ayudan a que nuestro dinero funcione de más de una manera. Primero, proporcionan un ingreso estable. A pesar de que las empresas pueden optar por pagar o no pagar dividendos, las empresas de mayor calidad y con tasas de pago más bajas tienen menos posibilidades de reducir su pago trimestral de dividendos.

Usemos un ejemplo para poner las cosas en perspectiva. Has investigado y has decidido comprar acciones de XYZ. Compraste 100 acciones a $ 30 cada una, que tenía un rendimiento de dividendos del 3% en ese momento.

$$\$3\,000 \times 3\% = \$90\,\text{anual}$$

No solo estás ganando $ 90 cada año, sino que debido a que se paga un dividendo a tu cuenta en efectivo, puedes aplicar ese pago de dividendos a lo que pagaste por las acciones por cada año en que posee las 100 acciones. En este caso, también puedes restar 90 centavos por acción. Después de solo cinco años, las acciones que alguna vez te costaron $ 30 por acción bajarán a $ 25.50 por acción. Muchos inversores a largo plazo pueden reducir el precio que pagaron por las acciones a $ 0 solo con el dividendo.

HAS USO DE LAS CALLS CUBIERTAS

Las *calls* cubiertas son un poco más complejas. Si no estás seguro con este tipo de estrategia, usar el método de comprar una acción y cobrar su dividendo a medida que aumenta te proporcionará algunas ganancias significativas. Debes hacerte dos preguntas importantes antes de hacer una *call* cubierta:

¿Cuál es el precio de impacto?

Precio de impacto

Las *calls* cubiertas son un tipo de estrategia de contrato de opciones que le permite al titular del contrato comprar sus 100 acciones, si está al precio de ejercicio o por encima de él. Probablemente no desee que alguien le quite sus acciones, aunque es posible que tenga un cambio de opinión más adelante en su carrera, por lo que el precio de ejercicio deberá ser lo suficientemente alto como para que la acción no suba por encima de él, pero lo suficientemente bajo como para que tú aún podrá cobrar una prima decente por arriesgarte.

Esta es una decisión bastante difícil de tomar, especialmente para nuevos inversores como tú. Si tu acción está experimentando una tendencia a la baja, es probable que puedas vender una opción con un precio de ejercicio no muy superior al precio real actual de la acción. Sin embargo, si la acción está experimentando una tendencia alcista, es posible que desees esperar hasta que esté contento de que el movimiento hacia arriba ha seguido su curso, y que la acción pronto cambiará en la dirección opuesta. Recuerda que cada vez que una acción se aprecia en valor, su valor de opción se deprecia.

Tiempo de expiración

Cuanto más lejos tomes tu opción en el futuro, mayor será el pago de tu prima por adelantado, para hacer el *call*, pero eso también significa más tiempo que tu acción debe estar por debajo del precio de ejercicio, para evitar que sea *'called away'* (llamado a retirarse) de ti. Considera adelantarte tres o cuatro meses para tu primer contrato.

Tan pronto como lo vendas, tu *call* cubierta generará dinero para ti, ya que la prima que paga el comprador se depositará directamente en tu cuenta. Seguirás ganando dinero incluso si el precio de tus acciones baja. La prima cae con el precio. Puedes volver a comprar el contrato al comprador en cualquier momento, por lo tanto, si la prima cae, puedes comprarlo por menos de lo que lo vendiste.

Eso significa que estás obteniendo ganancias. Al mismo tiempo, si tus acciones aumentaran por encima del precio de ejercicio, podrías comprar el contrato por más de lo que lo vendiste, causando una pérdida, pero también ahorrando la necesidad de entregar 100 de tus acciones. Una de las formas más efectivas de usar la *call* cubierta es cobrar la prima desde el principio.

Aunque puedes volver a comprar la opción si su precio cambia, solo querrás hacerlo en circunstancias extremas. También debes tener en cuenta que el dinero que recaudas al vender tu llamada cubierta también puede deducirse del precio que pagaste por las acciones.

La forma más fácil de familiarizarse con una nueva estrategia de inversión es utilizar una plataforma virtual, como las que ofrecen muchas empresas de corretaje en sus aplicaciones o sitios web. Aún puedes comprar acciones y obtener dividendos, pero esperar para vender la *call* cubierta hasta que te sientas cómodo con la forma en que funciona.

Capítulo 9 – Sabiendo cuando vender

El proceso de hacer dinero con acciones implica dos decisiones cruciales: saber cuándo es el momento adecuado para comprar y cuándo es el momento adecuado para vender. Debes tener ambos derechos para poder obtener ganancias. En general, hay tres buenas razones por las que deberías vender una acción:

1. **El precio de la acción ha aumentado drásticamente.**

2. **La acción ha alcanzado un precio que ya no es sostenible.**

3. **Comprar las acciones en primer lugar fue un error**

En este capítulo, veremos estas razones con más detalle y discutiremos sus implicaciones.

Comprando bien

Lo primero que se usa para determinar el rendimiento de cualquier inversión es su precio de compra. Podrías argumentar que una pérdida o ganancia se realiza en el momento en que se compra: el comprador simplemente no lo sabrá hasta que se haya vendido. Aunque comprar al precio correcto puede determinar el beneficio obtenido al final, vender al precio correcto garantizará que se obtenga un beneficio. Si no vendes en el momento correcto, los beneficios que tenías al comprar en el momento adecuado podrían disminuir.

VENDER STOCKS ES DIFÍCIL

Muchos inversores tienen dificultades para vender acciones, y tiene mucho que ver con su naturaleza codiciosa como humanos. Veamos un escenario común:

Tú compras una parte de las acciones por $ 25 y tienes la intención de venderla, si llega a $ 30. Llega a $ 30, por lo que luego decides esperar un poco más por algunos puntos más. Luego, las acciones alcanzan los $ 33, y pronto tu avaricia domina tu capacidad de pensar racionalmente. De repente, el precio de las acciones baja a $ 28, y te dices a ti mismo que esperes nuevamente hasta que vuelva a $ 30. Esto nunca sucederá, y finalmente cederás ante tus frustraciones y lo venderás cuando baje a $ 24.

La codicia y la emoción pueden superar fácilmente tu pensamiento racional, como puedes ver. Habrás tratado el mercado de valores de la misma manera que lo harías con una máquina tragamonedas y perderás. Para eliminar el error humano de la ecuación para decisiones futuras, intenta usar una orden de límite, que venderás las acciones automáticamente una vez que haya alcanzado su precio objetivo. Ni siquiera tendrás que controlar el rendimiento de ese stock: solo recibirás una notificación cuando se realice el pedido de venta.

CUANDO LA COMPRA ERA UN ERROR

Si tú eres un inversor diligente, probablemente investigaste una acción antes de comprarla. En una etapa posterior, puede darse cuenta de que has cometido un error analítico que afecta la idoneidad para un negocio como inversión de una manera fundamental. Luego debes vender las acciones, incluso si tiene que estar perdido.

La clave para ser un inversionista exitoso es confiar en tu análisis y datos en lugar de los cambios emocionales del mercado de valores. Si tu análisis, por alguna razón, resulta ser defectuoso, vende las acciones y avanza. El precio de la acción podría aumentar después de que la hayas vendido, lo que puedes hacer que tú mismo es adivinar. O una pérdida del 10% en esa inversión en particular podría ser la decisión más inteligente que hayas tomado.

Obviamente, no todos los errores analíticos son iguales. Si una empresa no cumple con tus predicciones a corto plazo, y el precio de la acción disminuye, no reacciones exageradamente y vendas si la integridad de la empresa sigue siendo la misma. Sin embargo, si observas que la compañía está perdiendo participación de mercado frente a tus competidores, podría ser un signo de debilidad a largo plazo y constituiría una buena razón para vender.

Cuando el stock experimenta un crecimiento drástico

No es imposible que tus acciones aumenten significativamente en un corto período de tiempo por varias razones. Los mejores inversores son los más humildes. No asumas que un aumento es una afirmación de que tú eres más inteligente que el mercado mismo. En cambio, vende.

Las acciones baratas pueden convertirse en acciones costosas muy rápidamente por una amplia variedad de razones, incluida la especulación de otros. Más bien toma tus ganancias y sigue adelante. Aún mejor, si una acción cae repentinamente, considera comprarla nuevamente.

VENDER POR VALORACIÓN

Esta decisión de vender es en parte científica, en parte artística. En última instancia, el valor de una acción se basa en el valor actual de los flujos de efectivo futuros de una empresa. Como el futuro es incierto, la valoración siempre será, hasta cierto punto, imprecisa. Esta es la razón por la cual la mayoría de los inversores de valor dependen en gran medida del margen de los conceptos de seguridad al invertir.

En general, siempre es una buena idea considerar vender si la valoración de una empresa alcanza un nivel significativamente más alto que el de sus pares. Sin embargo, esta regla tiene muchas excepciones, que es lo que la hace tan compleja. Por ejemplo, si la Compañía A está cotizando por 15 veces las ganancias, y la Compañía B está negociando por 13 veces las ganancias, entonces no hay ninguna razón por la que no deba vender la Compañía A al considerar la considerable cuota de mercado de sus productos.

Otra herramienta de venta que es un poco más razonable es vender cuando la relación P / E de una compañía excede significativamente su propia relación P / E promedio durante los últimos 7-10 años. Para dar otro ejemplo, las acciones de Walmart tuvieron un P / E de ganancias de 60 veces en el apogeo del auge de Internet. A pesar de la calidad de la compañía, cualquier inversionista que poseía acciones en Walmart debería haber considerado y podría haber considerado vender, y los posibles compradores deberían haber pensado en buscar en otro lado.

Cuando los ingresos de una empresa caen, generalmente es una indicación de que la demanda ha disminuido. Primero debe mirar la cifra de ingresos anuales para ver el panorama general, pero no debe confiar solo en estos números. Echa un vistazo a las cifras trimestrales también. El número de ingresos anuales para una importante compañía de gas y petróleo podría ser impresionante anualmente, pero ¿qué pasa si los precios de la energía han bajado en los últimos meses?

Cuando notas que una empresa está reduciendo costos, generalmente significa que dicha empresa no está prosperando. El indicador más revelador de esto es un recuento reducido. La buena noticia, al menos para usted, es que inicialmente, reducir los costos se considerará positivo, lo que tiende a generar ganancias en las acciones. Aunque no debería ver esto como una oportunidad para adquirir más acciones, sino como una forma de abandonar la posición ante el inevitable desplome de valor.

VENTA POR REQUISITOS FINANCIEROS

Esta razón puede no ser "válida" desde un punto de vista analítico, pero sigue siendo una razón. Las existencias son, al final del día, activos, y a veces es donde las personas tendrán que cobrar sus activos. Si el dinero se usará como capital para un nuevo negocio, comprar una nueva casa o pagar la matrícula universitaria, la decisión depende completamente de tu situación financiera, en lugar de los fundamentos del mercado de valores.

REBALANCEANDO TU PORTAFOLIO

A veces, puedes decidir que tu portafolio es diverso en la forma en que desearías que fuera. Esta es una razón perfectamente válida para vender una acción o varias acciones, y hay dos situaciones en las que esto podría ser una necesidad.

Reduciendo la exposición del stock

A medida que envejece y se acerca a su jubilación, es una buena idea reducir gradualmente su exposición a acciones. A pesar de que las acciones tienen un gran potencial de rendimiento a largo plazo, son, como saben, bastante volátiles, y la preservación del capital se vuelve cada vez más importante a medida que se acerca la jubilación. Una buena regla es restar su edad actual de 110 para obtener el porcentaje de su cartera actual que debe invertir en el mercado de valores. Si han pasado un par de años desde la última vez que ajustó su asignación de activos, puede ser una buena idea vender algunas de sus tenencias en acciones y poner el dinero en bonos.

Stocks de alto performance

A veces, sus acciones funcionan bien. Muy bien. Tan bien, de hecho, que no parece razonable invertir tanto dinero en una sola compañía. En este caso, es una buena idea vender, para que la riqueza de su cartera se pueda distribuir de manera más uniforme en más empresas.

LA EMPRESA HA SIDO ADQUIRIDA

Cuando se anuncia la adquisición de una empresa, el precio de las acciones de la empresa que se adquiere generalmente aumentará a un nivel similar al precio acordado. Nueve de cada diez veces, es una buena idea bloquear sus ganancias, ya que el potencial al alza suele ser bastante limitado. Hay tres formas en que una empresa puede ser potencialmente adquirida: acciones, efectivo o ambos.

En una adquisición solo en efectivo, las acciones generalmente se moverán hacia el precio de adquisición. Raramente vale la pena mantener sus acciones en este tipo de adquisición, ya que no hay una ventaja real para tener su dinero inmovilizado durante meses, y si el acuerdo se derrumbara, sus acciones podrían caer en picado.

Con la adquisición de acciones o efectivo y acciones, puede ser un poco más complejo, y su decisión tendrá que reducirse a si desea o no ser accionista de la empresa que realiza la adquisición. Si no, es perfectamente razonable retirar el dinero.

En el próximo capítulo, veremos cómo debe administrar su cartera de acciones como un nuevo inversor y algunas de las cosas que puede hacer para que la administración de su cartera de inversiones sea más fácil y más eficiente.

CAPÍTULO 10 – ADMINISTRANDO TU PORTAFOLIO DE STOCK

Demasiados jóvenes rara vez invierten para la jubilación, si es que lo hacen. Una fecha lejana, como 40 o 50 años en el futuro, es difícil de comprender para muchos nuevos inversores jóvenes. Pero, sin inversiones para complementar los ingresos durante la jubilación, si tiene alguna, los posibles inversores probablemente encuentren difícil hacer que pague por las necesidades.

Las inversiones que son disciplinadas, inteligentes y se realizan de forma regular en una cartera con participaciones diversas pueden generar grandes beneficios a largo plazo. Una de las razones principales por las que los jóvenes no invierten es que no entienden completamente las acciones o no logran entender conceptos básicos como el poder de capitalización y el valor temporal del dinero. Afortunadamente, estas cosas no son difíciles de aprender, y tienes en tus manos el mejor recurso para aprenderlas.

Necesita comenzar a invertir temprano. Cuanto antes comience, más tiempo tendrán sus inversiones para crecer y aumentar. La mayor parte de la industria de inversión implica hacer que las cosas parezcan más complicadas de lo que son para que te sientas lo suficientemente inadecuado como para permitir que un "experto" controle tu dinero.

Por supuesto, los consejos confiables de un asesor con buena reputación siempre serán útiles, la simple verdad es que pagar precios exorbitantes por una gestión profesional de la inversión no garantizará automáticamente un rendimiento superior de la inversión, especialmente una vez que tenga en cuenta sus honorarios. Los inversores proactivos que quieran tomar su destino en sus propias manos se alegrarán de saber que no es muy difícil crear una cartera y administrarla utilizando las mismas técnicas que los profesionales.

Veamos cómo debe administrar su cartera de inversiones.

APRENDE ALGUNOS PRINCIPIOS SIMPLES DE INVERTIR

Como puede haber aprendido del Capítulo Dos, existe una amplia variedad de estrategias de inversión, y algunas de ellas pueden ser bastante intimidantes e intimidantes. Aunque el uso de un sistema de complicaciones que requiere mucha atención, información y tiempo podría funcionar perfectamente bien para algunas personas, no es necesario que sean un inversionista exitoso. Usar una de las estrategias que se mencionó en el Capítulo Dos será más que adecuado, ya que no son muy complicadas, pero siguen siendo súper efectivas.

EMPIEZA ANTES

Tan pronto como comience a trabajar y ganar dinero, debe comenzar a ahorrar participando en un plan de jubilación 401 (k), si su empleador lo ofrece. Si no hay 401 (k) disponible, establezca una cuenta IRA o cuenta de jubilación individual y asigne un porcentaje de su compensación por una contribución a su cuenta cada mes. Crear una contribución automática en efectivo que se dispara cada mes es una forma muy conveniente y eficiente de ahorrar una cuenta 401 (k) o IRA.

Trate de recordar que los ahorros se acumulan, y su interés se acumulará sin impuestos solo mientras no retire el dinero. Esto significa que sería aconsejable establecer uno de estos vehículos de inversión al principio de su carrera laboral.

ASIGNACIÓN DE RIESGO TEMPRANO MAYOR

Otra buena razón para comenzar a ahorrar dinero temprano es que cuanto más joven sea, menos probabilidades hay de que se vea agobiado con obligaciones financieras, como hijos, un cónyuge o una hipoteca, por nombrar solo algunos. Sin estas cargas en su vida, puede asignar parte de su cartera de inversiones a inversiones que tienen un mayor riesgo, que a menudo arrojarán mayores rendimientos.

Además, cuando comience a invertir como joven, antes de comenzar a acumular compromisos financieros, es probable que tenga más efectivo disponible para invertir y un período de tiempo mucho mayor antes de su jubilación. Tendrá un mayor ahorro para la jubilación con más dinero para invertir, en los próximos años.

HUEVOS EJEMPLARES

Vamos a ilustrar la ventaja de invertir tan pronto como pueda. Suponga que, cada mes, invierte $ 200 a partir de los 25 años de edad. Si está obteniendo un rendimiento anual de ese dinero del 7%, cuando cumpla 65 años, su ahorro para la jubilación será de alrededor de $ 525,000.

Sin embargo, si solo comienza a ahorrar esos $ 200 cada mes cuando tiene 35 años y aún recibe el mismo rendimiento del 7%, entonces solo tendrá unos $ 244,000 cuando tenga 65 años. Para aquellos que comienzan a invertir solo más tarde en sus vidas, hay algunas ventajas fiscales disponibles. En particular, los planes 401 (k) permiten contribuciones de recuperación para personas de 50 años o más. Las cuentas IRA también hacen esto.

DIVERSIFICA

Lo ha leído una y otra vez a lo largo de esta guía, pero siempre debe seleccionar acciones en una amplia gama de categorías de mercado. La forma más efectiva de hacerlo es a través de un fondo indexado. Debe intentar invertir en acciones que sean conservadoras y que tengan dividendos regulares, así como acciones que tengan un potencial de crecimiento a largo plazo, y una pequeña cantidad de acciones que tengan un mejor potencial de riesgo o puedan proporcionar mejores rendimientos.

Si está invirtiendo en acciones individualmente, evite poner más del 4% de su cartera total en una acción. Esto evitará que su cartera se vea afectada negativamente si una o dos acciones sufren una caída drástica. Algunos bonos con calificación AAA también pueden ser excelentes inversiones a largo plazo, ya sea gubernamentales o corporativos.

MANTÉN TUS COSTOS LO MÁS BAJO POSIBLE

Siempre es una buena idea invertir con una empresa de corretaje de descuento. Otra razón para considerar los fondos indexados como un nuevo inversor es que sus tarifas suelen ser bastante bajas. Dado que (probablemente) va a invertir a largo plazo, debe hacer todo lo posible para evitar comprar y vender regularmente en respuesta a los altibajos del mercado a corto plazo. Esto le ahorrará algunos gastos por comisiones y tarifas de administración, lo que podría evitar pérdidas en efectivo cuando el precio de sus acciones disminuya.

INVERTIR REGULARMENTE Y SER DISCIPLINADO

Asegúrate de invertir su dinero en tus inversiones de manera regular y disciplinada. Esto podría no ser posible si quedara desempleado, pero una vez que haya obtenido otro trabajo, podrá continuar financiando su cartera.

TOMATE TU TIEMPO

No necesita apresurarse al seleccionar un portafolio o implementar uno. Cuando se haya decidido por una cartera con la que esté satisfecho, duerma en ella antes de tomar cualquier otra decisión. De hecho, debe esperar al menos unos meses antes de hacer otro movimiento. El remordimiento del comprador es totalmente normal cuando devuelve un artículo a una tienda, pero el intercambio de una cartera tiene algunas implicaciones importantes cuando se trata de impuestos. Deberá ser inteligente con sus decisiones y actuar con la menor emoción posible.

Cuando recién ingresa a la industria del mercado de valores, debe tratar de no preocuparse por tener su cartera implementada perfectamente de inmediato. Una buena manera de comenzar cualquier cartera sería comprar un fondo de índice de gran capitalización o un mercado de valores total, ya que actuará como un componente principal para casi todas las demás asignaciones de activos en las que crezca.

A medida que acumule más dinero y se eduque más sobre el funcionamiento interno del mercado de valores, podrá observar activos más nuevos y emocionantes y diversificar sus tenencias y avanzar hacia un objetivo de asignación de activos establecido a largo plazo.

REBALANCEA CADA AÑO

La mejor forma en que podría administrar su cartera es ignorarlo, a pesar de la impresión de que podría estar recibiendo de los medios financieros. Tenga en cuenta que ya está mucho mejor que muchos otros inversores, ya que ya ha decidido una asignación de activos y está prestando mucha atención a su volatilidad y rentabilidad históricamente. Puede descansar tranquilo sabiendo que ha tomado una decisión bien educada.

Los mercados fluctúan constantemente, y su asignación de activos hará su trabajo de forma pasiva, al tiempo que aumentará y protegerá su dinero sin que tenga que controlarlo constantemente. Sin embargo, deberá verificar su dinero una vez al año para ver si alguno de sus activos ha cambiado de sus porcentajes objetivo.

Si lo han hecho, entonces necesitará reequilibrar. Hay dos formas en que puede hacer esto. El primero es utilizar el dinero nuevo que acumuló y ahorró durante el año y comprar acciones de los fondos que se han sumergido por debajo del precio que buscaba. Alternativamente, podría vender las acciones de los fondos que obtuvieron el mejor rendimiento y utilizar el dinero para adquirir más acciones de las que no lo hicieron.

SOBRE IMPUESTOS

Siempre debe recordar que, si está invirtiendo en una cuenta que puede estar sujeta a impuestos, por lo que una que no sea una 401 (k) o una IRA, la venta de fondos afectará sus impuestos. Recomiendo comprar acciones con dinero nuevo antes de vender algo. Cuando tenga que vender, asegúrese de comprender las implicaciones fiscales de cualquier cambio antes de que se realice.

Esto puede sonar bastante desalentador, pero piense positivamente. Hay muchas maneras en que puede reducir los impuestos administrando su propia cartera de manera inteligente, de manera que otros inversores que están dando sus opciones de cartera a otros no pueden hacerlo. Si todavía está confundido, puede ser beneficioso ver a un asesor fiscal. Sin embargo, una vez que haya pasado por el proceso una o dos veces, lo dominará en poco tiempo.

LA VIDA CONTINÚA

Es realmente tan simple como encontrar una cartera adecuada que se adapte a usted, comprar los fondos indexados que necesita de una cuenta de corretaje y reequilibrar una vez al año. Usted tiene un control completo sobre su cartera, y ciertamente tiene la capacidad de administrarla utilizando los métodos para la asignación de activos de expertos respetados. Es mucho más fácil de lo que parece.

Capítulo 11 – Analizando el Mercado

Nunca se le pide que sea su propio abogado o médico, entonces, ¿por qué debería estar obligado a ser su propio analista bursátil? Algunas personas comienzan a cocinar simplemente porque es algo que les gusta. Del mismo modo, hay personas que disfrutan el proceso de hacer inversiones. Por lo tanto, si usted es el tipo de inversionista que disfruta de ser independiente y autosuficiente, entonces debería considerar convertirse en su propio analista de acciones.

Algunos analistas tienen un signo de interrogación sobre su calificación de credibilidad, por lo que siempre es mejor acostumbrarse al análisis por su cuenta. Eso es lo que discutiremos en este capítulo.

Confía en el proceso de análisis al stock

Independientemente de si es un inversor que busca valor o crecimiento, desarrollar su mente es el primer paso que debe tomar para pensar como un analista. Debe averiguar qué vender y qué comprar y a qué precio. Los analistas generalmente se centrarán en un determinado sector o industria. Dentro de esa industria, se centrarán en unas pocas compañías.

El objetivo de un analista es inspeccionar profundamente los asuntos de cada una de las compañías en su lista. Esto se hace analizando sus estados financieros y toda otra información de la compañía a la que puedan tener acceso. Para interrogar los hechos, los analistas también inspeccionarán a los proveedores, competidores y clientes de las compañías, y sus asuntos.

Algunos analistas también visitarán una empresa e interactuarán con su gerencia para que puedan entender de primera mano la empresa. Con el tiempo, los analistas profesionales conectarán todos los puntos para obtener una buena visión del panorama general. Antes de realizar cualquier tipo de inversión, debe hacer su propia investigación. Siempre es más beneficioso investigar varias acciones de la misma industria para que su análisis pueda ser comparativo.

Acceder a esta información generalmente no es un problema. El mayor problema que puede enfrentar al tratar de convertirse en su propio analista bursátil es el tiempo. Es posible que los inversores minoristas que están ocupados con otros proyectos a la vez no puedan asignar tanto tiempo como un analista de seguridad profesional.

Pero, definitivamente puede tomar solo un par de empresas desde el principio, para probar qué tan bien puede analizarlas. Hacerlo lo ayudará a comprender el proceso y, con más tiempo y experiencia, puede pensar en inspeccionar y analizar cada vez más existencias.

EMPIEZA DONDE ESTÉS

La mejor manera de comenzar su propio análisis es revisar otros informes de analistas. De esa manera, puede ahorrar mucho más tiempo reduciendo la cantidad de trabajo preliminar que necesita hacer. No necesita comprar a ciegas o seguir las recomendaciones que hacen otros analistas. En su lugar, debe leer sus informes de investigación para poder tener una visión general rápida de la empresa, incluidos sus principales competidores, fortalezas, debilidades, perspectivas futuras y perspectivas de la industria.

Los informes de los analistas están llenos de información útil, y leer estos informes realizados por varios analistas al mismo tiempo lo ayudará a identificar cualquier similitud. Las opiniones pueden variar, pero los hechos básicos en todos los informes deben ser comunes. Además, también puede mirar más de cerca las previsiones de ganancias que crean diferentes analistas, que finalmente determinan sus recomendaciones de compra y venta.

Diferentes analistas pueden establecer diferentes precios objetivo para la misma acción. Siempre debe buscar las razones mientras estudia los informes de los analistas. ¿Cuál hubiera sido tu opinión con respecto al stock actual con la misma información? ¿Ni idea? Mira el siguiente encabezado.

¿QUÉ DEBERÍAS ANALIZAR?

Tendrá que comprender los diversos pasos involucrados en el proceso de análisis de existencias si desea llegar a su propia conclusión confiable sobre una acción. Algunos analistas utilizarán la estrategia de arriba hacia abajo, comenzando con una determinada industria y luego ubicando una empresa ganadora. Otros seguirán un enfoque ascendente, en el que comienzan con una empresa en particular y luego inspeccionan las perspectivas de la industria. No necesita utilizar ninguna de estas estrategias, y tiene la libertad de crear su propio orden, siempre que todo el proceso fluya sin problemas.

ANALIZANDO UNA INDUSTRIA

Hay fuentes disponibles al público para casi cualquier industria. El informe anual de una empresa en sí misma a menudo proporciona una visión general lo suficientemente buena de la industria a la que pertenece, junto con sus predicciones de crecimiento en el futuro. Los informes anuales también pueden proporcionar información sobre los competidores menores y mayores en cualquier industria en particular.

Leer los informes de dos o tres compañías al mismo tiempo generalmente le dará una idea clara. También puede suscribirse a sitios web y revistas comerciales que atienden a cierta industria para monitorear los últimos eventos en esa industria.

ANALIZANDO LOS MODELOS DE NEGOCIOS

Debe poder determinar las fortalezas y debilidades de una empresa y poder concentrarse en ellas. Puede haber una compañía débil en una industria fuerte y una compañía fuerte en una industria débil. Las fortalezas de una empresa generalmente se reflejan en cosas como sus productos, proveedores, clientes e identidad de marca única. Puede obtener información sobre el modelo de negocio de una empresa en su informe anual, sitios web y revistas comerciales.

FUERZA FINANCIERA

Comprender la fortaleza financiera de una empresa es el paso más crucial para analizar una acción, te guste o no. Sin ser capaz de comprender las finanzas, no podrá pensar como un analista. Debería poder comprender el estado de resultados, el balance general y los flujos de efectivo de la empresa.

Por lo general, las cifras que figuran en los estados financieros son más significativas que las palabras brillantes escritas en un informe anual. Si no se siente cómodo con los números, pero desea poder analizar las existencias, entonces no hay momento como ahora para comenzar a familiarizarse con ellos.

CALIDAD DE ADMINISTRACIÓN

Este es otro factor crucial para cualquier analista bursátil. Es posible que haya escuchado que no hay compañías buenas o malas, sino solo gerentes buenos o malos, los ejecutivos clave que son responsables del futuro de la compañía. Puede evaluar la gestión de una empresa y la calidad de su junta haciendo un poco de investigación en Internet. Existe una gran cantidad de información sobre cada empresa pública.

ANÁLISIS DE CRECIMIENTO

Los precios de las acciones siguen a las ganancias, por lo que si desea saber si el precio de una acción se moverá hacia arriba o hacia abajo en el futuro, deberá saber hacia dónde van las ganancias futuras. Desafortunadamente, no existe una fórmula simple que pueda usar para saber qué esperar para futuras ganancias. Los analistas generalmente hacen sus propias estimaciones al observar las cifras pasadas para el crecimiento de las ventas y los márgenes de ganancias, así como las tendencias de rentabilidad de una industria en particular.

Esencialmente, conecta lo que ocurrió en el pasado con lo que se prevé que suceda en el futuro. Si puede hacer pronósticos de ganancias lo suficientemente precisos, podrá evaluar sus habilidades como analista de acciones, ya que es una clara indicación de su comprensión de esas compañías e industrias.

Capítulo 12 – Errores los cuales evitar

El fracaso es parte del proceso de aprendizaje de la inversión y el comercio. Como inversor, generalmente estará involucrado en tenencias a largo plazo y comerciará con acciones, otros valores y fondos negociados en bolsa. Los comerciantes generalmente venden y compran opciones futuras, participan en un mayor número de transacciones y mantienen sus posiciones por períodos más cortos.

Aunque los inversores y los comerciantes utilizan dos tipos diferentes de transacciones comerciales, a menudo son responsables de cometer errores casi idénticos. Algunos de estos errores pueden ser más perjudiciales para los inversores, mientras que otros pueden ser más perjudiciales para los comerciantes. Tanto los comerciantes como los inversores estarán mejor para recordar estos errores comunes y cómo se pueden evitar.

Fallando el plan

Cada comerciante experimentado ingresa a la industria con un plan cuidadosamente pensado. Conocen sus puntos exactos de salida y entrada, la pérdida máxima que están dispuestos a asumir y la cantidad de capital que necesitan para invertir en el comercio. Los operadores principiantes pueden no tener un plan a seguir antes de comenzar a operar.

Incluso si tienen un plan, es más probable que se alejen de su plan establecido que los comerciantes más experimentados. Los operadores novatos incluso pueden cambiar su curso por completo. Por ejemplo, puede quedarse corto después de haber comprado valores inicialmente, ya que el precio de la acción está cayendo, y solo terminará siendo superado.

RENDIMIENTO DE EMBRAGUE

Numerosos comerciantes e inversores elegirán estrategias, clases, fondos y gerentes en función de un desempeño sólido relevante. La sensación de perder los retornos probablemente ha llevado a más malas decisiones de inversión que la mayoría de los otros factores de inversión. Si una determinada estrategia, clase de activo o fondo ha funcionado muy bien durante cuatro o cinco años, puede saber una cosa con certeza: debería haber invertido hace cuatro o cinco años. Ahora, el ciclo específico que causó ese buen rendimiento probablemente esté llegando a su fin. El dinero inteligente se está yendo.

SALDO NO RECUPERADO

Como discutimos en un capítulo anterior, el proceso de recuperar su cartera a la asignación deseada de activos, como se describe en su plan de inversión, se conoce como reequilibrio. El reequilibrio puede ser difícil, ya que podría obligarlo a vender la clase de activos que está haciendo lo mejor y comprar más activos de una clase que no está funcionando bien.

Esta acción contraria es bastante difícil para muchos nuevos inversores. Sin embargo, las carteras que se dejan a la deriva con el rendimiento del mercado garantizarán que las clases de activos estén sobre ponderadas en los picos del mercado y su ponderadas en los mínimos del mercado, una receta para un mal desempeño. Reequilibrar religiosamente y recibir las recompensas a largo plazo.

IGNORANDO AVERSIÓN AL RIESGO

Debe realizar un seguimiento continuo de su tolerancia al riesgo o la capacidad que tiene para asumir riesgos. Muchos inversores no pueden manejar los altibajos y la volatilidad que está vinculada al mercado de valores u otras operaciones que son más especulativas. Otros inversores pueden necesitar una fuente segura de ingresos por intereses regulares. Estos inversores con baja tolerancia al riesgo estarán bien invirtiendo en acciones de primer orden de empresas establecidas en lugar de las acciones de empresas de crecimiento y de inicio más volátiles.

Siempre tenga en cuenta que cualquier retorno de la inversión conlleva un riesgo. Las inversiones con el riesgo más bajo son aquellas en letras del Tesoro, bonos y pagarés de los Estados Unidos. Hay muchos tipos de inversiones a partir de ahí que ascienden en la escala de riesgo y también pueden ofrecer mayores retornos como compensación por el mayor riesgo que te hacen asumir.

Si una inversión ofrece un rendimiento muy atractivo, también debe inspeccionar el perfil de riesgo que se le atribuye y cuánto dinero podría perder si las cosas fueran al sur. Nunca invierta más de lo que puede permitirse perder.

DESCUIDAR TU MARCO DE TIEMPO

Nunca debe invertir sin tener un marco de tiempo en mente. Piense si va a necesitar o no el dinero que está invirtiendo en una inversión antes de ingresar a la operación. También debe decidir cuánto tiempo, llamado horizonte temporal, tendrá que ahorrar para su jubilación, educación universitaria, un pago inicial para su hogar o para sus hijos.

Si planea acumular riqueza para comprar una casa, puede considerarse como un marco de tiempo a mediano plazo. Pero, si invierte con el plan de financiar una matrícula universitaria, entonces podría verlo como una inversión a largo plazo. Si está ahorrando para su jubilación, dentro de treinta años, lo que suceda en el mercado este año o el próximo no debería ser una de sus principales preocupaciones. Una vez que tenga una idea de su horizonte, podrá rastrear las inversiones que se ajusten a su perfil y marco.

NO HACER USO DE LAS ORDENES DE STOP-LOSS

Esta es una de las mayores señales de que no tienes un plan. Hay una gran variedad de órdenes de detención disponibles, y todas pueden limitar las pérdidas causadas por movimientos adversos en las existencias o por el mercado de valores en su totalidad. Estas órdenes se ejecutan automáticamente una vez que se han cumplido los parámetros que ha establecido.

Las paradas apretadas generalmente implican que sus pérdidas se limitarán antes de que eso pueda llegar a ser extremo. Sin embargo, existe el riesgo de que las órdenes de detención en posiciones largas se lleven a cabo a niveles inferiores a los especificados, en caso de que se produzca una disminución repentina de la brecha de seguridad, lo que le sucedió a varios inventores durante el *Flash Crash*.

Incluso con este pensamiento en mente, los beneficios que brindan las órdenes de suspensión superan con creces los riesgos de detenerse a un precio que no fue planeado. Un corolario de este error que cometen los *traders* es cuando un *trader* cancela una orden de suspensión al perder una operación justo antes de que pueda ser causada porque creen que la tendencia en el precio podría revertirse.

PERMITIR QUE TUS PÉRDIDAS SE ACUMULEN

Uno de los aspectos más importantes de los comerciantes e inversores exitosos es cómo pueden tomar rápidamente una pequeña pérdida si una operación no se realiza según lo planeado y avanzar a su próxima idea comercial. Por otro lado, los comerciantes menos exitosos pueden quedar inmovilizados por el miedo si un comercio contrarresta sus planes.

Podrían aferrarse a una posición perdedora en lugar de realizar acciones rápidas para limitar la pérdida, con la esperanza de que el intercambio eventualmente funcione. Una operación perdedora puede terminar teniendo su capital comercial inmovilizado durante mucho tiempo, y podría provocar un agotamiento severo del capital y pérdidas crecientes.

PROMEDIO HACIA ARRIBA O HACIA ABAJO

Hacer un promedio de una acción de primera clase en una posición larga podría funcionar para los inversores con un horizonte de inversión a largo plazo, pero podría llevar a algo bastante desafortunado para los operadores que negocian valores que son más volátiles y conllevan mayores riesgos. Algunas de las fallas comerciales más grandes en la historia del mercado han tenido lugar porque un operador siguió agregando a una posición que estaba perdiendo, y finalmente tuvo que cortar la posición por completo cuando el alcance de la pérdida se volvió irracional.

Los operadores también se quedan cortos con frecuencia, más que los inversores que son más conservadores, y generalmente subirán de promedio, ya que la seguridad está avanzando en lugar de retirarse. Esto es igual de arriesgado y es otro error habitual que cometen muchos nuevos inversores.

NO SABER CUÁNDO ACEPTAR LAS PÉRDIDAS

Con demasiada frecuencia, los inversores no aceptan el simple hecho de que son humanos y que van a cometer errores, al igual que los grandes inversores. Ya sea que uno de sus grandes ganadores de toda la vida haya dado un giro inesperado o que haya comprado acciones rápidamente, lo mejor que debe hacer es aceptar sus pérdidas.

Lo peor sería dejar que su orgullo nublara su pensamiento y mantener una inversión que claramente está perdiendo. O, peor aún, compre más acciones ya que ahora es más barato. Te sorprendería la frecuencia con la que se comete este error, y aquellos que lo hacen lo hacen comparando el máximo de 52 semanas de la acción con el precio actual de la acción. Muchas personas que usan este indicador suponen que los precios de las acciones que han caído representan buenas compras. Pero, había una razón por la cual la caída ocurrió en primer lugar, y depende de usted analizar por qué sucedió.

CAER POR FALSAS SEÑALES DE COMPRA

La renuncia de un CEO, el deterioro de los fundamentos o el aumento de la competencia son causas posibles de que las acciones bajen de precio. Estas mismas condiciones también proporcionan algunas pistas excelentes para indicar que el stock puede no aumentar pronto. Una empresa podría no tener valor en este momento por razones fundamentales, y es esencial que siempre se mantenga atento, ya que un precio bajo por las acciones también podría ser una señal de compra falsa.

Nunca debe comprar acciones en el sótano de negociación. Hay una razón fundamental convincente para una disminución en el precio en la mayoría de los casos. En cambio, investigue y analice las perspectivas de una acción antes de decidir invertir. Deberá invertir en empresas que experimentarán un crecimiento sostenido en los años venideros. El rendimiento operativo futuro de una empresa tiene muy poco que ver con el precio que compró sus acciones.

HACER UNA COMPRA CON DEMASIADO MARGEN

Margen está utilizando dinero que ha tomado prestado de su corredor para adquirir valores, a menudo opciones y futuros. Aunque los márgenes pueden ayudarlo a ganar más dinero, también pueden aumentar sus pérdidas en la misma cantidad, si no más. Debe asegurarse de tener una buena comprensión de cómo funciona el margen y cómo su corredor podría exigirle que venda cualquier posición que ya tenga.

Lo peor que podría hacer un nuevo inversor o comerciante es dejarse llevar por lo que parece dinero gratis. Si está utilizando el margen y su inversión no sale según lo planeado, podría tener una obligación de deuda considerable por nada. Pregúntese si compraría acciones con su tarjeta de crédito. No lo harías El uso excesivo del margen es básicamente lo mismo, generalmente solo a una tasa de interés más baja.

Además, cuando use el margen, deberá mantener un ojo mucho más atento a sus posiciones. Las pérdidas y ganancias exageradas que vienen con los pequeños movimientos en los precios pueden causar un desastre. Si no tiene el conocimiento o el tiempo para monitorear constantemente sus posiciones y tomar decisiones sobre ellas, y sus valores caen, su corredor venderá sus acciones para cubrir cualquiera de sus pérdidas.

Use el margen con moderación como un nuevo operador, si lo usa, y solo úselo una vez que comprenda los riesgos asociados. Puede forzarlo a vender todas sus posiciones en la parte inferior, que es el punto en el que debería estar en el mercado para un gran cambio.

MENTALIDAD POPULAR

Este es también otro error muy comúnmente cometido por los nuevos inversores. Obedecen ciegamente al rebaño y podrían terminar pagando demasiado por acciones populares o podrían iniciar posiciones cortas en valores que ya se han desplomado y podrían estar a punto de cambiar. A pesar de que los *traders* más experimentados siguen el mantra de que la tendencia es su amiga, es porque están acostumbrados a abandonar las operaciones cuando se saturan.

Sin embargo, los nuevos operadores pueden permanecer en una operación después de que el dinero inteligente lo haya abandonado. También podrían carecer de la confianza necesaria para adoptar un enfoque contrario a la tendencia cuando se les exige.

VER DEMASIADA TELEVISIÓN FINANCIERA

Este último puede parecer bastante tonto, pero no hay prácticamente nada que las noticias financieras puedan ofrecerle que lo ayuden a alcanzar sus objetivos. Casi no hay boletines que puedan darle algo valioso, e incluso si los hubiera, ¿cómo podría identificarlos por adelantado?

Si alguien realmente tuviera un consejo comercial, consejos rentables sobre acciones o la fórmula secreta para hacerlo grande, ¿lo hablarían por televisión o se lo venderían por $ 50 al mes? No Se lo guardarían, ganarían millones y no tendrían absolutamente ninguna necesidad de vender un boletín para ganarse la vida.

Entonces, ¿cuál es la solución? Deja de mirar tanta televisión financiera y lee boletines. Pase más tiempo seleccionando su plan de inversión y apegándose a él.

Conclusión

Gracias por llegar hasta el final de este libro. Esperemos que haya sido informativo y capaz de proporcionarle todas las herramientas que necesita para alcanzar sus objetivos, sean las que sean.

El siguiente paso es poner en práctica algunas de estas estrategias y comenzar a obtener ganancias. Sin embargo, antes de implementar cualquier estrategia de generación de riqueza, debe entenderse bien y practicarse hasta que se logre la competencia. Por ejemplo, los mercados monetarios son inversiones de alto riesgo y los operadores inexpertos pueden perder mucho dinero.

Los comerciantes e inversores profesionales tienen una amplia variedad de vehículos de inversión para elegir. Estos van desde el comercio de opciones hasta el comercio de acciones, bonos y monedas. También tenemos REIT, IPO y todos los demás. Una buena cartera es aquella que está bien diversificada para minimizar los riesgos y maximizar las ganancias. Algunos operadores pueden optar por invertir a través de fondos como fondos mutuos y fondos negociados electrónicamente. De esta manera, los inversores pueden beneficiarse sin tener que hacer todo el trabajo ellos mismos.

Finalmente, si encuentra este libro útil de alguna manera, ¡siempre apreciamos una reseña en Amazon!

Notas personales

9 781801 573566